# 丝绸之路的历史

[英]乔纳森·克莱门茨 著
彭建明 译

# A History of the Silk Road

新世界出版社
NEW WORLD PRESS

First published in 2013 by Haus Publishing Ltd., London
www.hauspublishing.com


北京版权保护中心引进书版权合同登记：图字 01–2020–7657 号

**图书在版编目（CIP）数据**

丝绸之路的历史 / (英) 乔纳森·克莱门茨著；彭建明译 . -- 北京：新世界出版社，2021.2
书名原文：A History of the Silk Road
ISBN 978–7–5104–7155–1

Ⅰ . ①丝… Ⅱ . ①乔… ②彭… Ⅲ . ①丝绸之路–历史 Ⅳ . ① K928.6

中国版本图书馆 CIP 数据核字 (2020) 第 223959 号

**丝绸之路的历史**

作　　者：[ 英 ] 乔纳森·克莱门茨
译　　者：彭建明
责任编辑：丁　鼎
责任校对：宣　慧
责任印制：王宝根　苏爱玲
出版发行：新世界出版社
社　　址：北京西城区百万庄大街 24 号( 100037 )
发 行 部：( 010 ) 6899 5968　( 010 ) 6899 8705 ( 传真 )
总 编 室：( 010 ) 6899 5424　( 010 ) 6832 6679 ( 传真 )
http://www.nwp.cn
http://www.nwp.com.cn
版 权 部：+8610 6899 6306
版权部电子信箱：nwpcd@sina.com
印　　刷：北京亚通印刷有限责任公司
经　　销：新华书店
开　　本：880mm × 1230mm　1/32
字　　数：130 千字　　印　　张：7
版　　次：2021 年 2 月第 1 版　2021 年 2 月第 1 次印刷
书　　号：ISBN 978–7–5104–7155–1
定　　价：58.00 元

# 目录

# 第一章

# 丝绸之路名称的来历

“丝绸之路”其实是个现代概念，1877 年，著名飞行员“红色男爵”[①] 的伯父费迪南·冯·李希霍芬，在他多卷本著作《中国》里首次提出了这个名称。

《中国》第一卷中有一幅地图标称“Die Seidenstrasse”（丝绸之路）。李希霍芬认为，古代中国的丝绸就是沿着这条路线运往古希腊和古罗马的。丝绸之路最重要的节点是作为

① “红色男爵”曼弗雷德·冯·李希霍芬（1892—1918），第一次世界大战期间的德国飞行员，因作战英勇被誉为一战中的世界王牌飞行员。——译者注（本书脚注若无特殊说明，均为译者注。）

贸易中心的撒马尔罕和西安（古称长安），从这两大贸易中心出发，可以分别延伸出多个方向的路线。而在这两个节点之间，路线比较单一，仅有的几条支路连接着中国西部地区，即今天的新疆。

李希霍芬的命名透着浪漫、神秘和神奇感，富有感染力。“丝绸之路”一词现在被广泛使用，在曾经的贸易沿线地区尤其如此。在汉语中，“丝绸之路”这个外来词，措辞经典雅致，听起来古意盎然，完全不像是仅在约 150 年前由德国地理学家给出的。作为突厥语族的分支，维吾尔语的“丝绸之路”意指一条通往西方异域实实在在的道路，这个内涵在其他语言的“丝绸之路”表达中都可发现。

现在确实有这么一条“丝绸之路”，可它只是混淆视听，其实难副。以此命名的高速公路沿着塔克拉玛干沙漠的北面蜿蜒伸展，路牌上还颇为助兴地配有英文，让游客觉得自己正驶往某个地方。但在历史上，丝绸之路的旅行者并没有使用过这个词，只有极个别的人走完了全程。对于曾经行进在这条商路上的大多数人来说，“道路”——如果真有一条道路，也只能通往下一个城镇或绿洲。各类货品可能沿着从中国到地中海的路线辗转，但中间会无数次停歇，再出发，几经倒手，受到各种持续变化的环境和市场的冲击，可一旦货物因突发状况被损毁，就只能让远方最后的买家陷入无尽的失望。

其实，即便是在李希霍芬最初的地图集里，也从来没有所谓唯一的线路——他谈到了一条丝绸之路，但他也用复数形式来表达丝绸之路。许多作家喜欢复数名词“丝绸商路”，用以表明其实并没有一条可以确认无误的道路，而是有多条骆驼商队经年累月穿行而成的崎岖难行的步道和野径。沿途的城邑，当然是驼队获取给养、短暂休憩、给牲畜饮水补充饲料的地方。但是连接城邑的道路，却由于天气、战争和地方政治的原因不断发生着变迁——甚至丝绸之路上的城邑也会因贸易的兴衰、水位或河道的剧变而陷入繁华昌盛和萧条败落的轮回。

李希霍芬研习西方典籍，深入探究了古罗马作家普林尼长老的著作。这位长老抱怨所有的钱币都被送往东方去购买丝绸了，而似乎正是这句话启发李希霍芬将地中海通往中国的线路连接了起来。交通也不是朝着单一方向发展的。来自中国的丝绸向西运送，大部分运往费尔干纳河谷——位于今天的乌兹别克斯坦，人们用丝绸来交易该地区珍贵的马匹。在中国没有发现罗马共和国或早期罗马帝国的硬币。沿着丝绸之路一路流通过来的极少几枚拜占庭硬币，除了作为奇怪的纪念品外，在市集驿站并没有什么用处。事实上，古罗马硬币大量地流入了印度，而且由于数量太大，有时候会被当成本地货币流通使用。据此史料，李希霍芬推断，原本要运往罗马的大部分货品，沿着丝绸之路到达新疆，继而南下，经过现在的印度和巴基斯坦，转由海路运送至古罗马统治的埃及。

同样的贸易路线输送了琉璃和宝石、乐器和奴隶，还有草药和异域香料。早在公元 331 年，费尔干纳的王子们就把棉织品运往东方，贡奉给中国北方的统治者。在遥远的古代，经由同样的路线，苹果从中亚传入西方；被波斯人称为杜尔班德（意为“穆斯林头巾”）的球根花卉从中亚传入西方，并以郁金香之名收入中世纪的拉丁语。然而，丝绸似乎一直是最有可能从东到西全程运输的商品。这既在于丝绸在西方的价值，也在于它的便携性和持久性。丝绸，无论是缎料还是生丝，都是中国早期某些朝代的主要货币形式，远比单纯的金属货币更方便流通。丝绸通常是用骆驼从中国向西运送到令人生畏的沙漠和大草原，根据边境部落的情势，用于贿赂、礼物或士兵薪饷。接手人会把丝绸传递下去，其中大部分会继续向西转移，用以交易牲畜或奢侈品。瓦莱丽·汉森在《丝绸之路：新历史》一书中提到，该地区的贸易商品多半是“中国消费的副产品”，因为大量丝绸的到来取代了现金，迫使当地人总要以丝绸易货的方式脱手丝绸转至外地。

与此同时，其他商品也沿着同样的路线向东运往中国。在中国东北的考古遗迹中，发现了来自塔克拉玛干沙漠南缘的和田[①]玉石，其历史可追溯到公元前3000年。珊瑚来自红海和地中海东部，在佛教文化中因其在雕塑造像和配饰上的用途而备受推崇。但极少有其他的欧洲商品具备足够的耐久性，可以在丝绸之路的全程流转交易过程中一直完好无损。如果一匹丝绸坠地，一般不会受损，而样式丰富的罗马琉璃器件或类似易碎物品就很难完成漫长的旅途。因此，欧洲商品通常会在中途交易，以换取更耐用的商品。

## 起点和终点

丝绸之路从哪里开始？对于西安来说，理所应当就在此处。西安古称长安，在东西贸易必须穿越沙漠的很长一段历史时期里，它一直是中国都城。从西安出发，所有的货船都可以沿着渭河驶向浩荡奔流的黄河，黄河又连通着运河和

① 本书中和田的名称处理将依文中所涉时代而相应变化，“和田”为总称，明末清初以前称“于阗”，明末清初以后称“和阗”，1959年后称“和田”。

其他支流。然而，在唐代丝绸之路鼎盛时期的一大段时间里，都城其实是西安以东几百公里外的洛阳[①]。从那以后，这两个城市就一直在较劲。如今，两地都在旅游手册上宣传各自在丝绸之路上的突出地位。此外，西安并不满足于拥有城郊的兵马俑，还在城市中心地段设立了丝绸之路群雕，并把“丝绸之路起点”镌刻其上，这组群雕体量巨大，展现的是一个向西行进的骆驼商队。值得注意的是，这组群雕被称为“起点”——因为中国公众不怎么认可会有商品自西向东进入中国的说法。

丝绸之路的尽头在哪里？会在科尔切斯特结束吗？它在古罗马时期叫卡姆洛杜南，这里出土了一小片丝绸，尺寸接近一张邮票，现陈列于科尔切斯特市立博物馆。或者是在马赛结束？古罗马时期的马赛叫马西利亚，其时来自地中海东部的船舶都在此卸载货物，这些商品往往为了满足高卢贵胄

---

① 唐朝（618—907）是继隋朝之后的大一统王朝，长安在公元 618 年至 904 年一直是唐朝都城。但唐代曾两次迁都至洛阳，长安、洛阳地位相当的两都制保持了一百多年，西京长安与东都洛阳同为唐王朝的政治、经济、文化中心。洛阳的唐都地位恰处盛唐的一百多年间，洛阳有五十多年是实际都城（唐朝的皇帝与朝廷在洛阳），盛唐时洛阳的地位与长安几乎相当。唐高宗及武则天时，政治中心主要在洛阳，唐玄宗时长安地位稍高。第一次正式迁都发生在 690 年，武则天废唐睿宗，继皇帝位，改国号为周，史称武周，定都洛阳，改洛阳为神都，但长安仍保持都城的大部分功能；第二次迁都发生在天祐元年（904 年），朱温发兵长安，挟持唐昭宗迁都洛阳，之后将唐昭宗杀害。天祐四年（907 年），朱温逼唐哀帝李柷禅位，唐朝灭亡。

的需求而被运至此地。不过我认为，丝绸之路真正的终点是撒马尔罕，史称粟特古国，即今天的乌兹别克斯坦一带。东方的商品从这里向南、向北、向西转运出去，最终抵达目的地。

丝绸本身是一种商品，它能够以不同的状态存在，从蚕吐丝，到茧，到生丝，再到丝线，然后可以制成多种形式的材料，每一种材料都可能有特定的用途。四川省省会成都，通常不被视为丝绸之路不可或缺的一部分，但成都人会充满骄傲地据理力争：蚕桑锦绣之乡就在蜀地。如果把丝绸曾经到达的每一处终点都纳入丝绸之路，我们就不得不写一部世界史——例如，在关于丝绸之路的日文著作中，往往描绘的是从长安出发向东的路线，一路辗转最终抵达日本封建时期的都城京都。保罗·威尔逊的著作《丝绸之路：路线与规划指南》（2010 年第 3 版）把探究的视野做了极大的扩展，远至土耳其和巴基斯坦的不同地点。但本书的目的是把丝绸之路的范围大幅收窄，从西安或洛阳出发，穿过甘肃沙尘漫舞的河西走廊，沿着这条青藏高原东部边缘的路径向西北延伸进入新疆，再穿过遍地传说的新疆大漠直到南疆交通枢纽喀什[①]，继而通过大山中的边境口岸，走出华夏大地，

① 本书中喀什的名称处理将依文中所涉时代而相应变化，“喀什”为总称，“疏勒”与“喀什噶尔”为历史名称，明代以前喀什地区称“疏勒”，明代以后称“喀什噶尔”，1929 年改称“喀什”。

进入中亚。

丝绸之路上的各色人等，没有谁觉得自己和这条连接中国和欧洲的漫长路线有什么关系。大草原上的游牧民族只知道，中国人会给他们送些小饰品、女人用品或布料，让他们别来纠缠商队。

和田当地人从附近的河床上筛选玉石，他们只知道，马背上的行商会买他们的石头然后带往东方。费尔干纳的养马人只知道，他们的骏马在遥远的中国非常珍贵，中国人会用丝绸来交易马匹。如果费尔干纳人收了太多的丝绸，他们便会把丝绸卖给大夏人，大夏人会把丝绸卖给帕提亚人或罗马人，或其他买家。

## 地理和地貌

新疆约占据中华人民共和国六分之一的陆地领土，面积超过英国、法国和德国领土面积之和。新疆的一首民歌问道："为什么冬天这么冷？为什么夏天这么热？"答案是"大陆性特征"，在这种少有较大面积湖泊河流的内陆地区地理条件下，会出现更极端的高温和低温天气。新疆北、西、南三面环山，只有几条险峻的山路与外界相连。东部也是多山地貌，但山岭之间有更宽阔的敞口，形成了连通中国北部和蒙古之间的陆路交通。新疆四面山区的“雨影效应”意味着云层将降水倾泻在山上，中间区域却没有水了。如果问今天的中国民众对新疆的感觉，他们联想起的，往往是大漠日落和沙漠驼队。一些人会说绿野和大草原，因为新疆北部的部分地区确实与蒙古平原接壤，也确有好几个少数民族分布在内蒙古和新疆两地，保持着一致的游牧民族风俗传统。那些不太懂地理或不可原谅的愚笨之人，往往会将新疆与西藏混淆不分，最终编织出一堆关于牦牛和雪人的全套故事。有好几次，当唱片店的新疆音乐作品库存已售罄时，急着推销的中国店主就试图把藏族音乐作品卖给我，一个劲儿地说着“都差不多的”。

20 世纪十分著名的地方流行歌曲《我们新疆好地方》开篇就是这么唱的，下面一句是“天山南北好牧场”。尽管气温很高，沙漠也富有传奇色彩，但当游客发现其中的绿色区域时，还是会感到震惊。针对中国国内市场的旅游广告，展现了针叶林和草地、雪峰和清澈的山间溪流的壮丽景色，很像电影《音乐之声》中的画面。这些图像似乎有意展现遥远的欧洲风光，然后用小字出人意料地打动观众——这里是新疆！来看看！

尽管新疆的这些美景有着极致的风貌，却只能在一个相对狭窄的地带找到，环绕着它的，是更加广为人知的沙漠。骑兵军官古斯塔夫·曼纳海姆在完成为期两年的中亚间谍任务后，在 1908 年向俄国沙皇呈交了一份秘密报告，文中假定俄中爆发战争，就新疆的价值做了综合判断。他认为，新疆几乎毫无价值。但即使是“贫瘠”的土地，也有着他没有真正预计到的现代价值——石油、天然气和贵金属给中国在该地区的投资带来了更高的回报。新疆仍然是中国的一个偏远地区，但它对整个现代中国的价值是毫无疑问的。然而在遥远的过去，许多人对新疆的评价，都类似曼纳海姆新疆之行的感觉：这是前往其他地方途中的一段令人不快的插曲。

沙漠是旅行者的天然障碍。早在唐代，武则天的一位大臣就建议她在敦煌沙漠的东部边缘划定中国的边界，如此设置，外敌入侵必须先穿越塔克拉玛干沙漠，自可更好地削弱来犯之敌的力量。但是，武则天和唐朝的其他统治者仍然对大漠以远的世界抱有兴趣，愿意发展贸易，愿意与西域（现在的乌兹别克斯坦和阿富汗）的统治者结盟。尽管塔克拉玛干地区早已并入了中国版图，但它仍是一个外围地区。

丝绸之路条件艰苦异常，经常成为难民、囚犯和流放者逃亡的终点。为逃离柯尔克孜人征讨大草原或阿拉伯入侵者造成的战乱，多个部落都背井离乡，落脚于绿洲之中。军队叛乱分子获得最后一次活命的机会，就是被迫推进到贫瘠、干旱的无人区，并获军令：只要他们能抵御自然和敌人，这块土地就是他们的。源于如此多样因素的文化遗产，给丝绸之路的幸存者带来了难以置信的无穷活力，这在中国其他地方难以找到相似的情况。

中国人喜欢去西安大唐芙蓉园看夜场舞蹈表演，音乐的序曲伴着宫廷舞和杂技开始，然后是士兵们敲擂战鼓的表演，以及妃子出浴的舞蹈，这些表演都表现了唐朝的时代特征。但这场演出只有在“西城”的舞蹈时才会鲜活起来。“西城”在剧场里没有给出英语翻译，意思是“西域”，也就是我们今天称为丝绸之路的沿线沙漠和山脉地带。“西域”对大多数中国人来说仍是一片热土，这里有充满异域风情的肚皮舞和女奴，浪漫的沙漠环境和贪婪的强盗，失落的城市和埋藏的宝藏。换句话说，“西域”保留了许多把欧洲与“东方”联系在一起的刻板印象和叙事传统。“东方”是突厥人和中华的混合体，给我们在自己的西方文化中，留下了《阿拉丁》和《图兰朵》这两个耳熟能详的故事。

对于那些真正经历过丝路之旅的人来说，事实往往证明，丝绸之路并不浪漫。伟大的探险家奥雷尔·斯坦因写道：从一个颓败的路边驿站辗转到另一个驿站，每处都是几个塞满垃圾的泥坯矮屋和一小队守兵，守着一片能渗出点泉水的水洼或一个小井，在破败的驿站之间只有遍地的砾石、移动的沙丘，所有这些都发生了改变，但自古至今，一切却又没什么变化。丝绸之路在脚下延展开一千年后，斯坦因在1907年沿路旅行，他真切感受着这个地区严酷的交通物流条件。

对于需要草料的中世纪旅行者来说，沙漠几乎没有提供补充储备的机会。商队需要携带大量的补给。在中国，马和牛是常见的运输工具，但要用在丝路上，很可能得不偿失，所以当地人严重依赖骆驼。由于一路人烟稀少，旅行者必须有能力从一个绿洲颠簸行进到另一个绿洲。只要在沙漠中拐错一个弯，旅行者就会踏上一条不归路，就像沙漠里的断头河，徘徊流淌向前，直到最后无源可供，直到死亡占据了上风。

即使在今天，也很难画出这一地区的地图。当然，山脉保持在同一位置，但居于其间的区域实际上是由流沙形成的，流沙反过来又能阻塞河流并使其改道。有时，河流会在沙漠中干涸。有时，它们会流入洼地形成新的湖泊，存在一个季度，或者一代人之后消失，又重新出现在几英里（1 英里≈ 1.6 千米）之外。正是因为这个原因，瑞典探险家斯文·赫定将他那本关于寻找传说中罗布泊的著作命名为《游移的湖》。在木材匮乏的环境中，传统建筑通常用泥砖建造。建筑速度很快，但也会被迅速侵蚀。一场地震就会把喀什古城夷为平地，这是它面临的最大危险之一。

领土同样难以界定。有些自称是该区域部分地区“国王”的人，其统辖范围也只是地图上的小点那么大——有的是建在更宜居的山麓丘陵地带的要塞城镇，有的占据着紧靠绿洲的外围。但这些小点仍然可以代表相当大的面积，例如沙漠环伺的吐鲁番，有着 1000 平方英里（约 2590 平方公里）郁郁葱葱的植被，生生不息，因为有人工修建的地下暗渠坎儿井把火焰山的雪山融水引流过来。

在新疆北部，天山横贯其间，融雪汇流到翠绿的山谷中，郁郁葱葱的景象出乎人们的意料，形成了较开阔的畜牧区和大片农作物种植区。在南疆，类似的河流从山上奔流而下，最后流入广袤的沙漠中——这是地图上最奇怪的景象，蓝线代表人们熟悉的河流，却在茫茫沙漠中消失，踪迹全无。

远赴天竺朝圣取经的法显和尚写道：“上无飞鸟，下无走兽，遍望极目，欲求度处，则莫知所拟，唯以死人枯骨为标帜耳。”

新疆常被称为“亚洲的十字路口”，自有其原因。它在大部分的历史时期内，身处四个强大的文化之间。在它的东边，中国黄河流域的古老文化扩张并将其纳入其中，并从史前时代就开始使用这里出产的玉器。在南边，印度和我国西藏的佛教区域，一直要扩大自身宗教（尤其要考虑到西藏的神权政治）对沙漠绿洲信徒的影响。向西，穿过中亚帕米尔高原的山口，那里自中世纪以来形成了独特而强大的伊斯兰教信仰，受其影响，本地的佛教信仰日渐式微。向北是产生过数个游牧帝国的大草原，那是一片东西延展极长且宽度不小的草原，从北京外围一直延伸到匈牙利。数千年来，蒙古各部落的迁徙一直在缓慢进行，大方向是向西迁移，新疆北部的天山是必经之道，数百万平方英里的草原在这里收窄成一条狭长的通道。一些蒙古部落不可避免地转向南方征讨新疆腹地，开创了一段新疆向游牧民族进贡或支付保护费的历史时期。

数百年来，新疆一直受到周边的打击，直到18世纪初一个民族来到这里并占据了主导地位后，才改变了此前的情况。这个来自满洲的游牧民族，1644年入主中原建立清朝，然后以中国的名义向西发动了一系列战役。清王朝通过向外扩张，把那些曾经在边界上不断制造麻烦的地区都纳入了帝国版图，就此终结了许多历史遗留问题。西藏和蒙古都并入了满人建立的帝国，这个新的多民族政体也实现了对新疆的控制。1912 年，当末代皇帝让位给中华民国时，旧的清朝疆界基本保持不变，唯独失去了外蒙古。中华民国为其民族多样性而自豪，临时政府国旗由五个不同颜色的条纹组成，象征着五族共和。

其中一个条纹代表了中国的穆斯林，尽管这个群体还是受着某些特殊国际联系的影响。伊斯兰世界偶尔会向新疆某些心怀不满的团体提供援助和支持。不可避免地，这些争议被赋予了某种宗教意义，但宗教往往是借口而非原因。每当远山之外有一个敌对国家打算支持新疆的流亡者、不法分子和被驱逐者时，这里必定会产生麻烦。到了 19 世纪末，英国和俄国以相似的手段干涉新疆事务，试图让新疆卷入两国臭名昭著的地缘政治博弈。

所有这些影响在新疆形成了史无前例的多元文化和种族融合。许多中国城市看起来彼此雷同，总能见到单调无趣的路易·威登特许经营店和混凝土浇筑出的公园，新疆却可以让人感受到可喜的与众不同。很早以前，在西安成为从东方到西方大通道节点城市的初期，这里穆斯林聚居区的景观和气味，就已体现出此地更多地受到印度和阿拉伯的影响。集市上不再销售猪肉，而羊肉很受欢迎。米饭逐渐淡出人们的视线，取而代之的是小麦面条和馕。在和田，妇女戴头巾；在喀什，许多人戴着面纱。词汇也会发生变化，这体现在最近这几个世纪这一区域的居民在日常生活中逐渐吸收采纳中原官话的表达。当你到达吐鲁番时，当地人不再用“市集”这个词，而是说“巴扎尔”，这反映出中东语言渐渐融入本地。乌鲁木齐人把市场称为巴扎，当地人非常自豪，甚至为此写了一首歌。不过这首歌真不怎么好，副歌部分是这么唱的：“大巴扎，大巴扎，国际大巴扎 / 大巴扎，大巴扎，乌鲁木齐国际大巴扎。”正是当听到这样的歌曲的时候，你才意识到他们为什么需要像王洛宾这样的作曲家（详见第七章：自治与霸权）。

研究丝绸之路的历史学家通常将其分为三个主要时期：公元 500 年之前是早期东西接触的时代，贸易和文化交流高峰期是从公元 500 年到 800 年，从公元 800 年到 1006 年是衰落期，这个阶段的宋朝失去了对中国北方的控制，游牧民族契丹人兴起，也正是从这个时期起，“Khitai”（契丹）之名逐渐转为“Cathay”（华夏）这个词。此后，途经中亚的丝绸之路基本上都被蒙古和穆斯林引发的各种动荡战乱所阻断，同时，外国对丝绸的需求也在下降，在许多地方，当地即可采购到丝绸。到 16 世纪东西方贸易联系重新建立时，海上贸易变成了主要方式。此外，茶叶贸易已超越丝绸，因为茶叶便于大体积装箱，而且更容易满载装船。17 世纪初，俄国探险家与中国边防卫兵小心翼翼地握了握手，开启了通往北方的另一条贸易路线的尝试。随着运力极大的西伯利亚大铁路的开通，这条贸易路线在 19 世纪末固定了下来。但此时，这条路线已经无关丝绸了。

我们不妨这样想，李希霍芬在地图上画一条连接东西方的线时，表现出了某种两面性的偏见。对他来说，既存在有趣的东方，也存在有趣的西方，而在它们之间，有一片荒凉、悲惨的地区，最好掩盖一下。丝绸之路沿线各国人民的生活和各地的故事演绎，并没有因为西方世界停止购买丝绸而稍有停顿。尽管丝绸之路的浪漫可能会吸引游客和旅行者来到中亚，但他们肯定也对过去一千年里发生的事情感兴趣。

马可 · 波罗是丝绸之路最著名的编年史家之一，也是为数不多的几位声称走过丝绸之路全程的人士之一。虽然在忽必烈统治时期，东西交往曾短暂热络，但随着蒙古人的内斗，以及后来居上的伊斯兰统治者重新划定疆域边界，基本上切断了旧有的路线。

如果今天沿着古老的丝绸之路旅行，你不仅会看到“中华沙漠遗址”，各种地质和地理特征，还会看到叛乱、革命的历史遗址和曾经昙花一现的国家残留的遗迹。到了19世纪，丝绸之路的故事发生了转折，变成了重新发现丝绸之路的故事。当时，像斯文·赫定、斯坦因、伯希和与曼纳海姆这样的探险家开始探索世界上为数不多的几个尚未绘入地图的地区。他们在塔克拉玛干和戈壁沙漠的冒险经历也是丝绸之路故事的一部分，本书的最后几章会有涉及，其中也有表现现代丝绸之路细节的内容。

## 名称和命名

历史记载难免对那些留下历史足迹的文明抱有这样那样的偏见。因此，丝绸之路也是易受偏见摆布的历史研究对象。不止一个完整的文明在丝绸之路上起起落落，而留下的历史证据却少之又少。通常我们所接触到的对早已逝去的地方文化的兴盛和消亡的描述，往往源于外来者。此外，新疆的许多地方往往同时至少有两个名称——突厥语的和中文的，这反映了中东和远东之间的历史渊源。这些名称取代的是早期天竺文化盛行该区域时的名称，那些名称曾沿用至中世纪时期。当新疆在18世纪完全并入中国版图时，中国人用几百年前文稿中的名称取代了既有的名称，就好比意大利再一次征服了英国，并决定将其省会城市伦敦恢复为伦丁尼姆[①]。因此，在文本中给某个地方以特定的命名通常是一种政治决策，这种命名权肯定只归属于几位决断者中的某一位。以传说中的流沙之城楼兰为例，这个最广为人知的名字是中国人所起的。当地人叫它克洛兰。在被中国人征服后，它被重新命名为“鄯善”——这个名字一度既指鄯善城，也指该城所统辖的整个地区。

与此同时，在更远的西部，不同的口音混淆了城镇的名称，因此，尽管19世纪的探险者称和阗为Ilchi（伊尔其），但土耳其人称之为Hotan（浩坦），俄国人称之为Khotan（克坦），均不同于中国人的叫法。丝绸之路地图上的某些地名，历经岁月沧桑，更名居然有十次之多，反映了历史上统治者及各种势力的更迭之频繁。考古学家对一个地方由最初的定居者所起的地名，会有不同的猜测。在古代编年史中，看起来含混不清的外来词也会有不同的批注。中国

① 古罗马人在公元43年征服了泰晤士河畔一地，在此建立了一个聚居点，取名为“伦丁尼姆”（Londinium）。古罗马人在此修筑城墙，并且在城墙包围的地区逐步建立一个初具规模的城市。在诺曼人的统治下，伦敦在公元12世纪成为英格兰的都城。

旅行者给某个被遗忘的吐火罗人聚居地起了不同的名字；印度定居者起了一个名字，当地人念成了别的发音；突厥征服者带来了一个新名字，中国邻居把这名字又改了一次，随后又被几个相互争斗的部落改了几次，之后因被认定为伊斯兰圣地，名字又改了一回。然后，当我打开一本中文旅游指南时，却发现这个地方根本没被列入索引之中，因为它居然不是一个地级市，仅是作为县级市的一个下级建制，而且这个县城又有着三个不同的名称。

这不仅是地图制作者的问题，也是作家和读者的问题。当我仰望着挂在我墙上的现代新疆地图时，发现若羌古城有四个不同的名称、三个不同的书写形式和两种语言表达，这还是在我们没开始下一步的任务之前要记住的。下一步还得努力记住中国人是如何称呼这个北方古城遗迹的，马可·波罗是如何记载此地的，以及突厥定居者是怎么给此地重新命名的。在本书中，对于一般读者来说，我冒着被指责的危险，坚持为某地固定一个对应名称；对某些人来说，这种做法将被视作年代误植。比如我使用的术语新疆，直到 19 世纪这个词才用于指代该地区。至于塔里木河流域分布的绿洲，在古代中国被称为“西域”，中世纪时代的吐蕃人称之为“北庭之地”，中世纪末期伊斯兰学者记录为沙漠“六城”。但我发现，如果我选择一个名字并一以贯之地使用，会更具成效，便于每个人保持清晰的记忆。

这个做法也适用于个人。现代喀什的历史、标牌和导游都提到的阿帕克·霍加（公元 1694 年去世），是喀什最著名的统治者之一，身故后被埋入喀什最宏伟的陵墓，也是著名的伊斯兰律法宣讲者；而伊斯兰律法为蒙古族的日常生活增加了伊斯兰教色彩，也对蒙古族文化产生了影响。

大多数英文资料中提到这位领袖时往往都用这个名字，尽管这并不是他的真名。“霍加”有大师之意，常用来表示对苏菲派神秘主义修炼者的尊称，也是近代早期新疆当地对宗教领袖常用的尊称。把“霍加”一词当作家族姓氏来使用，有助于显示这些尊贵人物之间的诸多联系，而且往往被视为一种无伤大雅的小过错，霍加尊号通常是世袭的。但阿帕克·霍加实际上是一个头衔，即“地平线的主宰者”。这位领袖的本名是希达耶特·安拉，在多个立场迥异、以拉丁文字记载的史料中均可找到。不过中文的几处史料只是重复了他的头衔“霍加”，让人误以为这就是他的名字，最后人们都以阿帕克·霍加之名称呼他。我选择叫他阿帕克·霍加，但它只是一个高度简化的名称。

## 野蛮人、少数民族和历史记录

如果有遗迹和文献，有古铭文和历朝历代史记，我们就有可以研究和分析的相关依据。但中亚历史上有很大一部分属于游牧民族，他们依靠稀疏但岁岁新生的牧草资源作为牲畜饲料，这导致他们总要进行季节性迁徙。游牧部落不太可能有永久的定居城镇作为基地，只能循着迁徙的轨迹时时变动驻地。

在外国读者的想象中，帐篷应该都是大草原上大风吹袭下破旧不堪的样子，但许多游牧民族的文字记录却描述了一些极为奢华的帐篷。在茫茫平原之中，整个国家都在轮子上迁移。有记录专门描述了移动的宫殿，既有华丽的圆顶金帐（“窝阔台的皇后的御用移动行宫”，意大利早期的外交官兼传教士柏郎嘉宾给出了这个叫法），也有忽必烈可汗的传奇“快乐大圆顶”帐篷，但就实质而言，这些文物很难被确定或找到，除了偶有发现的墓葬文物作为依据。

历史记录总有缺漏。青铜钱币数量很多，但没有白银——主要是因为银器肯定会被盗墓者熔炼成银子。宗教文献最有可能保存下来，部分原因是销毁它们是一种禁忌，也是因为旧的或损坏的经文要么在“经堂”里被锁起来，要么埋在“经堂”的圣书掩埋之地。中国的一些朝代有详尽记事的制度安排，但为了避免重重文牍压案，往往会有三年一次的文档清理。因此，许多留存下来的文献并不是以其最初的形式呈现给我们，而是以残片、墓葬发掘的陪葬品——纸制衣物和纸糊家具等形式重见天日。这些易碎的、支离破碎的物品得以一片一片地重新拼接，曾经糊成灯笼和纸马的字纸，经过修复，被历史遗忘的官吏曾经拥有的单据、钞引文书和记账账簿都恢复了原貌。

丝绸之路作为流放之地，资源匮乏，它的历史也存在着一种叫“忘却”的传染病。历史记录刻意掩盖了对整个地区的屠杀：11 世纪，甘肃的回鹘人被西夏人消灭；蒙古人和“伊斯兰之剑”跛子帖木儿屠戮了数百万人。这些屠杀绝不应被视为单一案例，也不应视为诸多战争造成了这样的附带伤害，有些人会说这在世界各地普遍都会发生；这些屠杀其实是授意之下的种族灭绝事件。

14 世纪，畏兀儿和蒙古大举出兵西夏王国，杀死了一百万人，只留下一片焦土废墟。今天，它被称为宁夏，暗含“西夏已平”之意。18 世纪，一支由满族和中原人组成的军队征讨准噶尔部，获得了当地叛乱分子的支持，其后宣布了蒙古族准噶尔部的灭亡，在天山以北杀死了数十万的男女老少。天花随后又消灭了之前幸存者中的大多数，就此从地图上抹去了准噶尔部的存在。今天居住在该地区的哈萨克人和维吾尔人都是后来者，他们对自己家园的传统和故事的理解，很可能只是道听途说。

在我们最近的记忆中，阿富汗的塔利班铁了心以其真主的名义消灭偶像崇拜，摧毁了巴米扬大佛。在丝绸之路的所有佛教文化慢慢退却佚失的过程中，这只是对古老佛教遗迹破坏的最新、最令人难忘的一个事件而已；许多今天在新疆的汉族“拓边者”正把佛教带到这里，而佛教在伊斯兰教生根之前就已在这里广为传播。尽管导游会谴责像奥雷尔·斯坦因以及伯希和这些盗墓者，标牌说明文字也会有类似内容，但他们往往会避免提及新疆人自己对新疆遗产造成的破坏。在 19 世纪，许多穆斯林民众相信，摧毁任何“偶像崇拜”的文本、造像和雕刻品都是虔诚和高尚的行为，这在一定程度上要归功于当地的老妇人都爱讲的一个故事：任何被异教徒形象“注视”的穆斯林都会受到诅咒。只有挖掉这些艺术形象的眼睛，诅咒才会解除，成千上万的雕像和壁画因此被毁。几个世纪以来，新疆的佛教圣像遭到当地穆斯林的破坏。19 世纪的欧洲考古学家喜欢掠走这里的宝藏。但板子不能只打在宗教身上；有时，背后的原因是金钱，如此说来，每个人似乎都要承担责任。

过去一百多年来，至少自 1912 年中华民国成立以来，中国的政治家已经认识到，尽管汉族人数多于其他所有少数民族，但“中华民族”其实是历史上几十个民族相互作用的产物。旧的中华民国国旗上有五色条纹，分别代表汉族、蒙古族、穆斯林、满族和藏族，并且有几十个少数民族得到了官方认可，其中一些仅有数百万人口。1949 年中华人民共和国成立后，毛泽东和他的继任者都重申了这种态度，指出许多所谓的边疆民族或少数民族，其实是旧贵族和曾经的统治阶级的历史余部，这些曾经带着旧贵族遗留影响的民族，早已在历史长河中逐渐转化融进了今天共同的“汉”文化。一些人认为，商朝传奇的“中国”帝王来自羌族的一个部落。羌族现在是西藏边缘一个并不知名的少数民族。秦始皇自己就是秦国人，在征服其他国家之前，秦国被视为一个新兴的边塞王国。唐朝代表着中华帝国文明的鼎盛时期，大唐的立国者是外来民族，最初是通过与中原贵族联姻获得跻身贵胄的机会。中国人历来就有给外来者起中文名的习惯，也有在受到褒奖或有功绩时，给自己逝去的祖辈求赐追加谥封的习惯，这种做法往往可以掩盖他们真实的民族本源。

这是一种大胆的、兼容并蓄的中国历史观，包容所有的群体和部落。经过仔细探究，你就会发现，现代汉族在非常努力地实现各民族平等。长期以来，中国共产党的言论一直强调的是中华民族，而非占据人口多数的汉族。近年来，一种后现代、后殖民主义的态度似乎有了些影响，人们对这种主张的重视程度明显提高。一些汉族人似乎更清楚地认识到身为汉人的荣耀，同时也更认可中国是多民族多元国家这一观点。当 2008 年北京奥运会选择吉祥物时，展现了五种动物而非一种，融入了几个具有明显区域代表性的象征，而不是一只代表四川的熊猫或一条汉族神话中的龙。尽管如此，当代中国少数民族永远是少数；他们目前约占总人口的 8%，面临着与世界上任何其他少数民族类似的问题，例如地方语言的完整性。这在新疆尤为明显，这里许多现代少数民族的认定都与宗教信仰有关，而在中国这个共产主义国家，宗教得到宽容的对待。

在古代，中国的边塞是玉门关、嘉峪关，是长城西端的要塞，连接着新疆东部边缘。中国的前哨继续深入沙漠，彼此孤立却又遥遥相望的瞭望塔连成一线，仿佛一堵无形之墙。关内偶尔会与长城外的人们接触，但长城外的人对皇帝的忠诚并不牢靠。皇帝统治着“天下”，但他对臣民的期望，往往与臣民距离皇位的远近直接相关。

在皇帝直接统治下的臣民每天都要向他表达忠心。帝国所接纳的附庸国和藩国属地必须每月呈交贡品或报告，或以其他形式表示效忠于皇帝。被帝国征服的国家，如果帝国仍接受其继续作为附庸存在，每年需要四次上表忠心。在附庸国和藩国属地疆域之外是“夷狄戎蛮”之地——大多数肯定也算得上率土之滨，但与朝廷的关系就值得怀疑。他们也许知道皇帝的存在，但并不完全认可他是世界上得享天威的天子。处于天威可及范围内的野蛮人，必须每年向朝廷进贡。经常向天子表达忠君之心很重要，但最好不要被实际检验忠诚度。在汉朝，有着“松松缰绳”的说法，意在暗示边远的部落是牢牢地系在朝廷缰绳上的马匹，但皇帝怀柔待之，让他们享有一定程度的自决权。贡品本身通常以帝国实际需要的物资（如马匹）的形式出现，皇帝会回赠与贡品价值相称的“赏赐之礼”——丝绸、奢侈品、工具和金属制品，如遇饥馑歉收或动荡年景，就赐以粮食。

“在地图上着色”划界的概念，以及在地图上画出明确边界的概念，都是源于西方帝国主义的、相对较新的概念。外国探险家和殖民者真正热衷的，是建立亚洲殖民地的起止界线。这和中国的世界观，以及中国各民族的世界观，多少有些不同。中国的世界观与许多佛教寺庙中仍然供奉的曼陀罗有高度的相似之处。曼陀罗中心有最大的图像和最丰富的细节——单个神像代表最强大的神，也最为信众所熟悉，而涟漪般连续向外扩散，展现的是逐级变小的各种生灵，在尺寸、法力和细腻程度上都在下降，直到最外层区域布满模糊的图像和模糊的焦点。

“天威所及之地”以外是“蛮荒之地”，遥远原始的部落愚昧无知，对皇帝几无所知。他们的“表忠文书”奏报一次即可，类似于朝代编年史家们费尽心力编造出来的故事，将部落与朝廷御使的一次会面，美化成了部落以恭谨措辞表达对天子“权威”的承认。在遥远的西域某地，古代皇帝的臣民不算是真正的臣民，他们只是老百姓，对那个所谓的统治者没什么兴趣。正如中国古话所说：“天高皇帝远。”但在中国人的眼中，中国历史从古代传说伊始，一直就是文化进步的进行曲。正如哲学家孔子所言：“柔远人则四方归之，怀诸侯则天下畏之。”边民为好处所诱惑，渐渐在生活中产生了依赖感，宁愿自己付出努力去购买、乞求或以物易物。有时他们会偷窃，但最终他们会被纳入文明本身。今天，我们把文明称为“软实力”。

这些影响力如同曼陀罗坛场一般，在丝路沿线的任何一个愿意亲近中国文化的城镇重复出现。如果商人们足够幸运，每个绿洲辐射出足够远的影响力和保护能力，会让他们顺利前行，将他们安全地带入下一个绿洲。丝绸之路上的强盗、不法之徒和“入侵者”只出现在大漠深处曼陀罗力量减弱或难以企及的地方。

研究中国历史的人，不需要花很长时间就会发现几十个被中华文化同化的族群，各个朝代都有。在所有的案例中，历代王朝记录中的措辞都颇为相似：“夷狄戎蛮”发现了神奇的中国，往往是先征服中国，但很快就被中国的传统和文化所征服。他们的家庭成员嫁入贵族，他们的孙子孙女在说中文的环境中长大，不久之后，他们就被完全同化了。然而，这种对中国文化长期独占主导地位的看法掩盖了许多其他解读。白桂思①在《丝绸之路上的帝国》中指出，中亚游牧民族的历史主要是由中亚区域外围的欧洲人、中国人和穆斯林写就或解读，这些外国观察家并没有什么大草原的直接体验经历，还经常要借用早年间作者留下的那些不怎么靠谱的消息。

白桂思抨击了那些已讹传了数千年的陈词滥调。这些

---

① 白桂思，Christopher Beckwith（1945—），美国欧亚研究学学者。

说法包括，游牧民族天生好战，因为他们擅长骑马和射箭；或是说他们资源贫乏，因此贪图定居文明的优越条件。白桂思认为，事实并非如此，草原牧民成为优秀军人的可能性，并不比农民成为优秀军人的可能性大；支持这个论点也很容易，因为农业文明可以给农民更长的练兵时间，还有更充裕的人力资源可供调用。相反，他认为游牧社会和其他任何社会一样，也有富人和穷人，年景也有好坏，除了中世纪时期的大草原——那个时期社会底层牧民的生活状况比农业社会的农奴要好一些。大草原上的资源当然很稀少，但游牧民族就是游牧民族，为了利用可再生资源，顺应季节变化，他们经常搬家。有大量历史证据表明，在丝绸之路的诸多历史时期，野蛮人拥有的财富并不少，中亚各游牧民族是丝绸的主要消费者！当年传到地中海世界的丝绸为数不多，却激发出了如此多的诗文和街谈巷议；不过这些数量与中国历代统治者每年运送给游牧民族堆积如山的丝绸相比，却显得微不足道。虽然游牧民族肯定会把其中的一些卖给商人换钱，或拿去做物物交换，但他们最终会把大量绸缎做成衣物穿戴在身。到了元朝末年，连“蛮族”蒙古人也喜欢上了丝绸内衣，因为这种内衣能够挡住射穿盔甲的箭镞。

每当发生边界争端或冲突时，“野蛮人”就会出现在历史记录上，不可避免地会扯上那些陈词滥调。但狄宇宙[①]在《古代中国及其敌人》一书中指出，侵入“野蛮人”领土的往往是“文明”势力。“欧亚大陆中部地区”的游牧民族遭到了永久的压制并节节败退；今天我们可能会把游牧民族与丝绸之路的干旱沙漠联系在一起，但那是因为许多古代的草原和牧场被侵占并变成了农场，恰恰是这些侵占者，把游牧民族称作野蛮人。

当然，也有为非作歹的野蛮人，有罪犯和强盗、强奸犯和窃贼。在要查阅各文化之间在过去多个世纪中的相互关系时，就会发现，现存的文献绝大多数都是用中文书写的。

此外，在编年史上还有很长的空白时期，更确切地说，游牧民族可能被记录成了中国商品的交易对象；是某些重要商品的贸易伙伴和供应商，比如马和人参等商品。对游牧民族有偏见的人，也忽视了这样的事实：“中国”多个朝代的统治者毫无疑问具有异族血统，不仅包括著名的蒙古人和满族人，中国还存在过多个少数民族执政的朝代，在长达1000年的时间里统治着中国北方。

① 狄宇宙，Nicola di Cosmo，东亚历史学者，现任普林斯顿高等研究院教授。

# 第二章
# 从塔里木干尸到汉朝初年
（从史前到公元 6 年）

在“离海最远的城市”乌鲁木齐，新疆维吾尔自治区博物馆里有一间展厅，许多古代干尸都汇集于此。普通游客往往以为这些干尸都出自乌鲁木齐，而实际上他们大多来自塔克拉玛干沙漠的另一边，位于遥远的新疆南部。现在他们都在乌鲁木齐，因为乌鲁木齐是新疆的首府，自然有充分的代表意义。

这一小群古代死者经受住了大自然和人类所能经受的一切考验。这些早已死亡的当地人被埋葬在干燥的盐碱地里，埋葬地从未被淹没过，尸体里的水分很快就被沙漠周围的高温烤干了。流沙早已吞没了埋葬这些干尸的城邑，多年之后，考古工作者因机缘发掘出了干尸，发掘者想方设法保护他们，而不是随意焚烧或扔掉这些遗体。此外，这些干尸在被掘出后，保护措施得当，而曾经一些灾难性的错误技术对其他地方的干尸造成过毁灭性的伤害。

现在，干尸躺在密闭的高科技有机玻璃容器内，容器内被注入了有一定毒性、可杀菌的气体，有机玻璃取代了原有的木质棺椁，可以满足展示的要求。他们中的一些人显然是中国人，有些是蒙古人。但是在这些干尸中，外国游客想要看到的是白种人。

称这些白种人为欧洲人是不恰当的，尽管他们看起来像欧洲人。他们离世时，主要居住在印度和黑海之间的某个地方，他们的后裔一般被视作欧洲人。这些红头发、四肢较长的探险者，是古代吐火罗民族中最靠近其疆域东部边缘的人——都是牧羊人和骑兵，他们曾经生活在一个大湖的边缘。

这个大湖可能曾是一个海，因为它覆盖面积达一万平方公里。在它的南北两端，都是连绵的山脉——昆仑山脉和天山山脉。南北两地的当地人用各自的语言，不约而同地把本地的大山称为天堂，这个含义自古至今都没变。当冰川最终融化时，水流顺着陡峭的山坡倾泻而下，淹没了大山谷东端的大部分地区。寒冷的冰川融水遇到热空气后变暖，在远处形成了一片片雾气。

该地区是地球上人类定居最晚的地方之一。也许他们从北方辗转而来，越过大草原，穿过大风吹袭的山谷，这片山谷地带就是今天乌鲁木齐的所在地。也许他们从西南方一路跋涉而来，穿过数个山口，但当他们到达大湖时，就在湖滨定居下来。

湖边林木茂盛。他们伐木建造房屋，制造可在湍急河水上划行的独木舟，他们采用竖穴木椁，在圆形坟冢的墓底修建内部沟槽，再修建圆形城垣环绕墓地。下葬后，他们用木头做出像独木舟一样的顶棚盖在坟冢上。他们在草原上牧马，孩子们把手伸进水边的芦苇丛中抓鱼。他们在山坡上放羊，用颜料给深色羊毛织品染色，做成紫色的布料。女人们编织出艳丽明亮的格子图案，她们戴着双锥顶形的帽子，颇像今天西方的狼牙尖顶女巫帽。男人们都穿裤子，便于跨坐在马背之上。有些人，带有北方平原部落的风格，喜欢在自己的皮肤上文有和衣服一样的图案，文身的图形以旋涡纹和圆点为主。

山上的来水逐渐减少了，一开始在地面上并不明显。老人们会抱怨说，在他们年轻时，河水水位还是要高一些的，而且树林延伸的面积也大很多。女人们会低声附和，当她们还是姑娘的时候，到大湖里取水似乎也不用走很远。年复一年而不是天天变化，谁会注意到水位的退却呢？也许这是一个炎热的夏天。也许雨神很忙。生活在继续，溪水却越来越少。

若以地质纪年来看，这只是眨眼般的一瞬。伟大的内陆之海在短短一千年的时间里形成，继而消失。但其垂死挣扎的时间长度，足以持续人类好几代人的时光。终于有一天，湖面蒸发成薄雾的速度超过了来水补充的速度。有些溪水甚至在到达之前就已经干涸了。水的味道开始变得糟糕，鱼也更难捕到了。有一天，湖滨村不再挨着湖边了，取水变得很不方便了，必须穿过大片泥泞，然后还要越过一片厚厚的盐壳覆盖区。大湖成了一个深不及脚踝的水坑，只有季节性的、来自山上的涓涓细流才能勉强为它续命。

人们还在这里挣扎着，他们凿井取水，他们不再种那么多水果树了，他们学会了节俭生活。他们的孙辈们学会了更加节俭以维持生计，完全不去想相比以往已经损失了多少。

大约在公元前 1800 年，这里的人们在一个浅墓穴里埋葬了一个女人。土壤里的盐分使她肉身不腐，她仿佛只是睡着了。直到 1980 年她才被发掘出来，让考古学家们备感震惊的是，这位已确认为新疆地区最早居民的女人，散发着一种空灵之美，浅赭色的头发，柔软的身段线条婀娜——她的动人形象让前来现代博物馆瞻仰她的中国游客啧啧称奇。

另一个坟墓的历史可以追溯到公元前 1000 年，发掘时间是在现代，墓葬同样在盐碱地中。它的主人身材高大，有两米高，姜黄色的头发上杂糅着灰色，有着高高的颧骨和鹰钩鼻，留着络腮胡。他的右手腕上缠着一根五颜六色的羊毛绳，五股线编结成绳——可能是猎鹰的绳索，也可能是起驱赶苍蝇的作用，还可能以此表明部落的身份。他的长袍是深紫色的，显得雍容华贵。

《山海经》始创于公元前 4 世纪，在之后的几个世纪里大量注释添加于其中。《山海经》中有关“西域”的内容引人入胜，部分源自旅行者的故事，部分源自迷信。书中谈到流沙和大沼泽是许多候鸟归巢之地。在有些地区，庄稼不能生长，据说是土地被污染了，因为埋有被大禹杀掉的凶神相柳的尸体。有一个蛮荒之地叫欧丝，一女子跪在树上，她的嘴里吐出了蚕丝；还有一个地方，可以种出一百种水果。在昆仑山上，住着一百位神仙，这儿还有神鸟，身上挂着蛇，有许多男女巫师，也有长着六个头的短吻鳄，还有长尾猿和豹子。传说中唯一没有提及的是“龙”，大概是因为中国已经有很多龙了吧。

大湖消失了，补给的河流干涸了。就连该地区最大的河流塔里木河，也发生了根本性的变化，被一座游移的沙坝阻拦后，它冲出了一条新的航道。那些穿着格子呢衣服的牧人，已然认不出眼前大片干旱的盐田就是曾经的林木苍翠之地，他们曾在当地原生的树木之上，刻上过原始的凯尔特结图案。他们的后裔重新朝北面和西面流散，有些被纳入新的游牧帝国。在现有的年代测定中，甚至有间接证据表明，他们把炼铁的秘密带到了中国。他们的语言被遗忘了，尽管也许有一小部分印欧语词汇在汉语中保留下来，如“车轮”“蜂蜜”，或许还有“魔法”。还有一个词比他们活得更久，那就是湖泊“Lop”，这可能是人们长期以来给这个大湖起的名字。“Lop”的意义已经丧失，对该地区的当代各族群来说，它毫无意义，各族群彼此为如何称呼这个湖而争吵不休。对现代维吾尔人来说，反射着灼热光芒的白色盐滩是罗布泊 Lop Nur（“明亮的 Lop”）；对蒙古人来说，罗布泊念作 Lop Nor（叫 Lop 的湖）。

取代吐火罗人的突厥人，有时会注意到，他们的村庄在沙尘暴到来时，狂风会在某些瞬间把吐火罗人的废墟掀露出地表。用突厥人自己的语言表述，这个令人生畏的沙漠荒地叫塔克拉玛干，即“废墟之地”。

在博物馆里，盯着沉睡的吐火罗人身体的中国游客，偶尔会留意到无帽檐的便帽下面露出的红色头发，或者面纱上方露出的绿色眼睛。这些曾经的湖畔居民仍在代代延续，是中国和中华民族的一分子。

## 丝绸的发现

一条道路，即使是虚构的道路，也需要“交通工具”。中亚贸易的起源可以追溯到大约五千年前，当时驯化了马，不久之后又驯化了骆驼，使得商人旅行时无须依赖昂贵的人力搬运工，除了可以携带最基本的生存必需品外，更可运送各类商品。特别是双峰驼，它们既耐酷暑又不畏严寒，而且能够在没有淡水的情况下长期生存，沙漠路线因此得以开辟。

考古证据表明，路线都是从小路起始，逐渐扩展延伸。神秘的蓝色宝石——青金石来自今天阿富汗东北部，出现在印度，随后是波斯，然后是古埃及，越来越远离故土。从阿富汗横跨帕米尔山脉向东，沿着缓降的山坡，一直延伸到沙漠中，就能到达和田和莎车，这些偏远定居点并不适合人类居住，但人们在附近的山上发现了软玉，让这些地方变得尤具吸引力。

东西方的接触使一些物品得以运送至波斯帝国的边缘，然后沿着波斯帝国的“皇家道路”，物品又被带到了地中海边缘。沿着这条道路，东方与西方的交流持续进行着，最为显著的是地中海文化，随着公元前 4 世纪亚历山大大帝征服波斯帝国，其影响也一路向东传播，直到今天的旁遮普一带。亚历山大的队伍带着世界尽头的故事返回了西方，也带回了丝绸之路的实际收获——比如源自今天吉尔吉斯斯坦的核桃，在一些语言中仍被称为“希腊坚果”。

希腊文化在大夏国（今天的阿富汗和塔吉克斯坦）的影响存续时期最为长久，也正逢大夏国的繁荣时期，亚历山大在那里遇到了他的妻子——红头发、热情奔放的罗克珊娜。亚历山大在旅途中建立了数十座新城市，许多都以他的名字命名。埃斯哈塔亚历山大城[①]，意即“最远的亚历山大”，位于其时已知（希腊）世界的边缘，坐落在雄伟山脉围绕的温暖而干燥的费尔干纳山谷中。这里最初是伤员和正在康复的将士们的驻扎地，也住着他们在当地娶的妻子，最后这里

① 中国当代史学界一般表述为绝域亚历山大城，也有部分文献及媒体表述为极东亚历山大城。

发展成为中亚的几个“希腊”城市之一。根据古希腊历史学家斯特雷波的说法，从那里开始，“他们的帝国一直延伸到塞里斯人和弗里尼人的所在地”。当时“亚历山大帝国”已是明日黄花，但希腊人和他们的后裔可能至少朝向东方做了一些探索，进入了通往疏勒和塔克拉玛干沙漠的山口。在一次不知名、不为人知的事件中，一位希腊裔旅行者发现自己身处丝绸之源（塞里斯）的某个地方，可能在疏勒，也可能在疏勒西部的某个绿洲，在斯特雷波称之为“弗里尼”的当地人中间——他甚至可能身处于阗。在当代乌鲁木齐的博物馆里，馆藏有希腊人的雕像和画像。

人们通常认为，所有的丝绸都来自中国，因此，神秘的丝绸之路应该早在东西方首次有记录的接触之前几个世纪就存在了。事实上，丝绸有好几个来源，不同种类的丝绸纺织品也各有其来源。比如孟加拉国，还有古代的亚得里亚海和爱琴海沿岸，并一直连接到中东，直到波斯的广大区域，都有各种各样的蚕蛾，它们的茧都可以用来缫丝织线。早在铁器时代，在跨越欧亚大陆的广大区域——从欧洲到西伯利亚，就已发现了一种丝绸，远远早于传说中最早的中国商队带来的丝绸。在考古遗址中也留有一些有限的证据，这些证据要么是作为陪葬品的碎片，要么是这种丝绸在其他材料上留下的印记——考古学家称之为“纺织假形”，丝绸的纹理印在黏土上，或是印在有数百年历史的奶酪上，都留下了图案。

我们也有许多古典作家留下的关于丝绸的著作。亚里士多德写道，希腊科斯岛上的妇女会把生丝缠在绕线筒上，然后纺成线，他还留意到，她们的原材料来自“亚洲”——指的是现代土耳其和中东地区。在西方，丝绸最恶名远扬的样子，不是它搭在某位罗马女士身体上的时候，而是在公元前 53 年的卡雷之役，当马可斯·克拉苏的罗马军团将士对阵帕提亚的骑兵部队时，个个都被眼前的景象惊得目瞪口呆，因为帕提亚人展开了好几面巨大的旗帜，在沙漠烈日下闪闪发光。罗马的旗帜沉重地贴附在旗杆上，帕提亚的旗帜却在风中猎猎飞扬，离旗杆远得不可思议，仿佛被神圣的手高高举起，难以言喻地飘逸、熠熠生辉——魔幻神奇。

在罗马帝国初期，从希腊诸岛传来的丝绸，有些还送往埃及加上了刺绣、纺上了金线以增加炫目之感，在罗马贵妇圈中极具影响力，引领着时尚潮流，连诗人们也迷恋着丝绸，尽管丝绸本身仍是一个谜。普林尼长老在《自然史》中指出，某些飞蛾会织网，就像蜘蛛一样，可以做成女人的华服，拉丁语把这种蚕蛾叫作 *Bombycina*（鳞翅目昆虫）。但普林尼本人对自己的判断也没什么把握，他似乎混淆了丝绸和棉花的说法，他承认欧洲人仍然不清楚丝绸的确切来源。然而，他知道丝绸流通去了哪里，他不是第一个，也不是最后一个因为将大把金钱耗费在锦缎华服上而大发雷霆的罗马男人。

古罗马作家塞内卡对市面上出售的“透着琉璃之光的托加长袍”感到极度不安：

> 我看见了丝质的“衣服”——如果还有谁称之为衣服的话，它们完全不能保护穿着者的身体，也保护不了穿着者的端庄，穿着这样的长袍，没有一个女人能够诚实地赌咒发誓说，她没有赤身露体。

比较谨慎的罗马女孩会穿戴一件炫目的丝绸饰品，既不会花光金钱，也不会惹大人们生气——一根缎带或发带就好，从罗马广场附近的街边卖熏香和香水的小贩那里就可以买到。而地位尊崇的罗马贵妇身上的一件丝绸长袍，必定所耗不菲且环节繁复——通过未知的方式从遥远的世界另一端运来生丝，由叙利亚人带入罗马帝国，然后在希腊某岛把生丝加工后分成经线和纬线，之后再运往另一个岛上织成锦缎，再运往埃及绣花，完成后再运回罗马，经销商再卖给裁缝，最后制成锦绣长袍。因此，到了公元3世纪末期，丝绸在罗马的价值已经相当于同等重量的黄金，也就不足为奇了。

既是出于对曾经的敌人向他们的女性同胞兜售奢侈品的愤慨，也是出于对价格的深切担忧，罗马的男人们试图禁绝该奢侈品。在罗马皇帝提比略时代，人们认为真正的男人是不会穿丝绸的，这一说法在后来几代人中得到了证实，据史料记载，提比略之后的更为恶名昭彰的“坏”皇帝才会追求炫耀丝绸锦衣。基督教作家也严正警告人们对丝绸想都不要想，那些吝啬鬼对丝绸的反对更是厉害——包括罗马皇帝马库斯·奥勒留和罗马帝国时代的希腊作家普鲁塔克，都威吓警告各自的妻子：千万别把丈夫的金钱浪费在这些华而不实的东西上。

## 蚕蛾和蚕虫

蚕蛾是一种奇怪的生物。人类数百年的干预造就了这种不会飞的生物，它们的翅膀只具备装饰性。它们是出了名的脆弱，极谨慎的蚕农担心这些蠕动的宝贝会被难闻的气味、恼人的噪声打扰，连狗吠的声音都不可以有。蚕虫如果看起来在尺寸、生命周期或仅仅是食欲方面与正常情况有所不同的，都会被迅速从托盘上挑出来喂鱼，这么做就是要维持一个同源基因库。几个世纪以来的迷信和家庭主妇们传下来的故事造就了许多奇奇怪怪的做法，他们用鸡毛给新生的蚕宝宝挠痒痒，禁止养蚕人吃苦苣菜或大蒜。显然，蚕宝宝不喜欢那些气味。

不借助人类的力量，它们甚至不能繁殖。从桑皮纸上最微小的蚁蚕开始，中国的孩子就要一天天地培育它们，直到长成肥胖的蠕虫，要戳破蚕茧，然后拉成扁平的卡片形状，或者更传统的长方形。有些蠕虫甚至能吐出彩色的丝，尽管这通常是丝胶蛋白造成的结果，丝胶蛋白稍后会被缫丝工人烫洗掉。每只成年蚕体内都有两个腺体，如果展开，长度可达 38 厘米。这两个腺体分泌出的液态丝由单一的蛋白质分子构成，暴露在空气中就会迅速韧化，变成丝线，连续拉伸长度可达 1600 多米。

《荷马史诗·奥德赛》中提到奥德修斯和他亮闪闪的衣服，散发着“似干洋葱表皮般的光泽”，这位广为人知的英雄可能就穿着一种丝绸，它产自一种枯叶蛾科的蚕，在奥德修斯的家乡伊萨卡岛和特洛伊都可找到。中世纪拜占庭的历代皇帝非常想弄清楚遥远东方丝绸的秘密，而且他们已经具备了不少丝绸生产的基础知识。他们知道，某些蚕茧可以收集在一起，然后要水煮、破壳、缫丝。众所周知的是蚕丝质地轻盈、闪闪发光，或许最重要的是，它的韧性能经得住虱子啃噬。他们所不知道的是，中国丝绸为何会比别处出产的好得多。

“纯正的”中国丝绸非常奇妙（“中国”的拉丁名称“塞里斯”本就是丝绸的拉丁名 *Seres*），有着许多“粗陋的”欧洲丝绸所没有的特质。中国人有最适合的已驯化蚕种（鳞翅目昆虫，拉丁语为 ***Bombyx mori***），它原产于中国北方一个月牙形的地带。古代欧洲人在森林里采集野生蛾茧，而中国人则在专门的农场里饲养已驯化的蚕宝宝，固定以桑叶喂食。

但蚕的种类、饲养环境和桑叶喂食只是基础条件。中国人在加工丝绸的方式上也有两个关键的创新。大家都煮茧以便于破开茧壳——这在整个欧亚大陆都很常见。但欧洲的丝线保留了黏稠的丝胶蛋白，这种蛋白会导致丝质纤维凝结和断裂，必然要求将断丝重新纺成线。然而，中国人把蚕茧放在弱碱性的溶液中煮熟，溶液会脱去这种世界上最细的丝线外表的丝胶，从而便利地完成缫丝工艺。“脱了胶”的生丝也更易于染料着色，能形成着色透彻且更持久的丰富色调。

欧洲人只是等待着飞蛾从茧中钻出来，却没有意识到茧壳上蚕蛾形成小洞的意义何在。因此，欧洲的茧壳内有许多断丝，浸泡在棕色的、有腐蚀性的分泌物中。蚕丝受损，即使这些纤维被重新纺成整根线，其强度也不可能与从未断裂的蚕丝相比。与欧洲人不同，中国人把蚕茧、活蚕蛹和所有的东西都扔进了沸水里。这样既杀死了幼虫也保护了茧的完整性，可以产出更长、更细的蚕丝，且透明度更佳。

从蚕的原产地可知，丝绸并非来自丝绸之路途中的绿洲。早在两千年前，中国人就首次将它带到了绿洲，不是丝丝缕缕的一点，而是以吨为单位的庞大数量。中国丝绸令波斯人着迷、令罗马人感到震惊还闹出了丑事，而比这些史实更早发生的是，中国丝绸早已传遍了绿洲牧区（今天乌兹别克斯坦和塔吉克斯坦一带），人们用丝绸交换马匹。在丝绸还没有加上刺绣或剪裁之前，还未用作被单和大衣的填充物之前，就已成捆地塞进了士兵的马鞍囊里，他们这一匹那一卷地把丝绸消费掉，用以支付沿途食宿以及享乐花酒的费用。

## 骑马者和贩马者

公元前 1000 年以降，中国边境地区发生了诸多重大变化。从中国最古老的编年史和考古记录来看，现在风吹草低的大草原和农田曾经是郁郁葱葱的森林。过去，季风带来的降雨带远比现在靠北，伴随着降雨带逐渐向南退却，中国文明在迅速扩张。中国北部黄河河套区域的古代林木被砍伐后，没有补种再生。林木覆盖率从史前的 85% 下降到汉末的仅 50%，到今天只有 5%。不可避免的是，边境地带因林木砍伐，土地既可以开垦为耕种区，也可以用作牧区。由此也形成了中国的农业文明与游牧民族长期对抗的局面。

在中国，养马所需的平坦广阔的草原空间有限，但对马的需求巨大，不仅是骑乘需要，还要用于马车运物拉货。对马的实际需求迫使中国人不断前往西部边境采购——此类边贸依赖直到 17 世纪才逐渐减少，中国边境的扩张最终将这些草原全部纳入了自己的领土；到了 20 世纪，当马被内燃机所取代时，马匹贸易数量进一步减少了。

汉朝最活跃的游牧民族被中国人称为匈奴，其活动范围主要在今天的蒙古一带。由于有关他们的信息大多来自中国，所以他们通常被描述为“野蛮人”。在汉朝历代的记录中，他们都被冠以各种贬损的称号，匈奴在古代典籍中意指“心术不正之奴”或“可鄙的恶徒”。这完全忽视了匈奴与中国人之间极深的跨文化联系，许多与中原临近的匈奴部族深受中国文化吸引，最终与之融为一体。这也使得官方宣传与真实情况难以区分。

正如人类历史上许多灾难性的跨文化接触一样，我们看到了一股不可阻挡的力量和一个不可移动的对象之间的相互作用。这个对象是定居的农业文明，它的人民依附于一块领土，他们通常一辈子都不会离开这块土地。这股力量是一群迁徙不定的游牧民族，他们独特的生活方式要求他们与牲畜一起迁移。游牧民族的活动轨迹可能会使他们与中国人有季节性的接触，甚至可能是友好的贸易——奶酪和皮革制品能换些金属制品和丝绸。可一旦气候稍有变化——温暖的夏季或多雨的秋季，各个方面的盈余和赤字就会出现变化。也许牧民的迁徙比往年更往南一些；也许农民们收成不好。价格和价值的变动就造成了误解；你一拉他一扯事情就闹起来了。太多的原因都会让事情急转直下，尤其是在边陲地区，那里的土地既适合放牧也适合农业耕作，就看哪一方能守住脚下的土地。

中国人不喜欢匈奴。历朝史书都会撰文描述他们的野蛮，宣扬他们吃生肉，喝马奶酒，穿兽皮，不敬重长者。然而，《汉书》中却有整整一章对这个长期的敌人表达了极致的赞美，讲述了匈奴数个世纪的历史，指出匈奴的强大之处恰恰在于他们难以享受得到中国的奢侈品，尤其是丝绸华服和珍馐美馔。

匈奴人弟娶寡嫂的习俗尤其令中国人震惊。这种草原传统的目的是将财产（通常由妻子持有）留在父系家庭手中。这种习俗在大草原上流传了几千年，但遭到了中国人的强烈反对，在中国人看来，这无异于乱伦。作为对这种批评的回应，一位匈奴首领辩称，财产保留在自己家族才好，不能白白流失给外人，造成麻烦，中国人才会这样自讨苦吃。他轻蔑地称中国人为"土坯房里出来的家伙"，嘲笑他们定居的农业传统，这种传统无法让农民在耕作中获得军事技能的训练，匈奴人日常狩猎和诱捕却可以为战争做准备。

汉朝时期的匈奴正不可阻挡地向南、向西迁移。他们的一些部落在中原边陲和平地定居下来，但也有一些部落与中国发生了冲突。有迹象表明，汉朝一度与匈奴展开了激烈的军备竞赛，当时马匹是唯一能够保持边境地区军事优势的武备，必须要保证马匹的大量供给。与此同时，匈奴人迁徙到了天山山脉一带，靠近了沙漠地区的城镇，也靠近了山麓上肥美的牧场。

起初，中国人试图收买匈奴，做出友好和结盟的姿态，希望匈奴能为中原带来马匹，因此中国人对游牧民族是有求必应。很多时候，游牧部落的首领会有当帝婿的机会，因为有不少中国公主（和所谓的公主）以和亲的方式远嫁藩邦。

有时我们可以察觉到，在汉朝的历史记录中，对中原与游牧民族的贸易暗含批评，仿佛中国人因为没有打一场全面战争就显得未能尽忠职守。但战争是代价高昂且可怕的大事，肯定会让双方物耗力竭，而“胜利”却是一个模糊概念，敌人只需向西骑马慢跑出去几百英里，消失在远方即可。《孙子兵法》是关于军事战略的权威著作，孙子指出：“上兵伐谋，攻心为上，不战而屈人之兵。”如果这意味着谍报活动，意味着几百位公主下嫁给游牧民族，这样的牺牲无疑是值得的。

诚然，汉朝与游牧民族接触时做了一种绥靖式的选择，就像面对勒索行为选择花钱以息事宁人，示弱并接受盘剥。但中国的农民和丝绸商人付出的代价很可能远低于一场全面战争，自家子侄借此方式更可逃过应征入伍、战死沙场的厄运。此外，中国人巧以应对，将贿赂化为礼物送给心存感激的臣服民族，这让许多观察家即便在今天仍认为，应该在地图上给大草原涂上与中国相同的颜色。

我们只是假设，那些被迫嫁给游牧民族的女性不幸福，在很大程度上是因为这是汉朝史料所言。反过来，这应该与中国一直以来的自身定位有关，即中国作为世界的中心，个体所享有的幸福感和文化归属感，必然会随着其与中心距离趋远而逐渐散失掉。一位汉朝公主在编年史上留下了一首《悲愁歌》，哀叹自己的命运：

吾家嫁我兮天一方，
远托异国兮乌孙王。
穹庐为室兮旃为墙，
以肉为食兮酪为浆。
居常土思兮心内伤，
愿为黄鹄兮归故乡。

她们难道不会发出这样的心声吗？中国历史偶尔会记录异见，有人反而把草原文化视作对中原保守桎梏的一种解脱。人们多么希望考古学家能发掘出一首以前未曾见过的汉诗，也许是这样的诗篇：

出离汉宫兮萧墙远，
远嫁乌孙兮后宫冠。
穹庐为室兮地为毡，

大快朵颐兮金樽满。
偶忆长安兮无盼怨，
笑看候鸟兮断舍难。

在这些广为人知的出塞远嫁史记中，王昭君的故事就隐含着这种感情。王昭君是后宫中地位低下、为人忽视的宫女，她主动接受谕旨，将自己作为汉廷赐礼，嫁给匈奴统治者。皇帝很高兴用一位卑微的宫女替代一位真正的公主远嫁西域。昭君嫁给了单于，在第一任丈夫去世后，又嫁给了单于的继任者（她的继子）。然而，几个世纪后，故事的中文版本发生了改变。人们相信皇帝错误地嫁出了昭君——他直到把昭君交给匈奴使节的那天才见到她本人，那时他才意识到，一个多么聪明、美丽的女孩曾一直隐身于后宫。因为这个新版本需要一个替罪羊，故事进一步被修饰，皇帝临幸妃嫔宫女前总要先看图，而唯独诚实的昭君拒绝了贿赂宫廷画家来美化她的形象。结果，皇帝由此错过了昭君的美貌，只好咬唇挥手让她远嫁。只有在这数百年后写成的故事中，才显露了昭君似乎对出塞并不满意，也有记载说她乞求返回汉地，并最终自杀。无论故事的真相如何，它都与西域远及阿富汗的数百个女性墓葬互有印证。在那里人们发现的尸体，端庄地双手合握着一面来自中原的镜子，墓葬中被玷污的镜子残骸，只是逝去的生命留下的一个小小的证据。

绥靖政策持续了几十年，尽管与匈奴单于达成过协议，却难保不会出现分裂组织或被驱逐者进犯边境的情况。随着汉武帝（公元前 156—前 87 年）时代的到来，情况发生了变化。汉武帝登基后带来的是一种强有力的新风格。在想清楚敌之敌即为友后，汉武帝将视野投向匈奴领地以外，希望在这个游牧民族的西翼找到一个联盟。此时，汉朝的权威已经延伸到罗布泊的沼泽，这给中国人带来了一种可能性，即远征至沙漠深处可能会找到匈奴的敌人。

卜筮在这出戏中起了一定的作用。依据《易经》起卦后汉武帝得到爻示："神马当从西北来。"他最初认为这是指乌孙部落（哈萨克人的祖先）卖给他的坐骑，但后来意识到，费尔干纳山谷中的大宛国可提供更好的战马。这些"天马"有着传奇般的速度和耐力，著名的汉代马踏飞燕雕像使天马形象得以不朽——今天，这个雕像的复制品是全中国旅游商店最受欢迎的商品之一。它们也有一个颇为神秘的称号——"汗血宝马"，血汗可能是俄罗斯草原上常见寄生虫造成的，其副作用之一是所谓的"夏季出血"，在马匹运动过程中会造成某些血管破裂。中国历代史料中没有对大宛马的直接描述，但汉武帝似乎灾难性地混淆了两条信息：其一，费尔干纳大宛马为数众多；其二，从他所见为数不多的大宛马可知，它们都是宝马良驹。

汉武帝下定决心要用大宛马与匈奴交战，于是他将成千上万匹丝绸送往这个西域山谷中的王国求购马匹，但却遭到了明确的拒绝。大宛国国王根本拿不出汉武帝所需马匹的数量，那只是源于可怕的误会——汉武帝还想当然地认为，他曾见过的一匹有着顶级血统的贡马，其特质在所有大宛马中皆可找到。面对数千匹天马的需求，大宛国统治者手里可称为骏马的却寥寥无几，他只能拒绝。中国人从一千英里之外给汉武帝带来了这样一个信息：大宛国骏马已经售罄，由此引发天马之战。

汉武帝认为大宛国蓄意扣留了整群的超级强悍的天马，于是挥师西向。因补给线漫长，又有荒无人烟的塔克拉玛干沙漠阻碍，而沿线各地都认为中国试图对该地区实施直接控制，汉军将士与沿线的当权者们发生了一场又一场战事，困厄不断。当军队到达大宛国时，军队规模只剩出兵时的一小部分，继而被当地军队彻底击败。

汉武帝第二次发兵大宛，军队配备了由驴和骆驼组成的庞大补给队伍。军队包围了大宛国的首都贵山城——位于今天的塔吉克斯坦境内。汉武帝的将军成功地处决了大宛国的领袖，大宛国也承诺会提供汉武帝想要的所有马匹。不过，这位将领也亲眼看到了当地马匹的品质。他带着三千匹马离开了费尔干纳，其中只有三分之一在返回中国的艰苦沙漠之旅中幸存下来。这位将军一瘸一拐地回到都城，把他能弄到的所有天马都呈贡给了汉武帝——剩下的一千匹马中，只有十余匹符合汉武帝的要求。

此后，汉室每年都会收到大宛国缴贡的顶级马匹——只有两匹。丝绸之路也让中国收获了一种新的商品——大量源自费尔干纳的紫花苜蓿种子，引入它的初衷，是让中国能种植出这种神奇的饲料来培育自己的超级骏马。与此同时，因为中国大军两次在沿线的往返，促使该区域的许多城邑宣布——起码象征性地——效忠中国，他们希望永远不会再看到中国大军第三次来到这里。这一变化对处在沿线中间的城邑产生了各种连锁反应，彼此间有了更多的联系和贸易，但不幸的是，由此也带来了更多的误解和冲突。

## 第三章

# 西域：从汉到唐

（公元 6—618 年）

在喀什市区的一个公园里矗立着一尊雕像，公园原是一个古老的要塞，今天已在城区之内。雕像展示了一位身材高大、昂然挺胸、蓄着浓密胡须的男人，穿着一件厚重的长袍，在尘土弥漫、酷热的中亚，这袍子肯定会让他汗流浃背。头顶发髻的样式表明他中国官员的身份，胳膊下夹着一卷竹简，这是在纸发明之前中国的“书”的样式。一堵半圆形的围墙立在他身后——其上是描绘重要战役和历史性时刻的浮雕。在雕像基座前的通道两侧，还有三十六尊勇猛战士的雕像，都比真人略大，排列方式和那些庄严的皇陵道路两侧的守卫雕像一样。但主人公既不是皇帝也不是神，而是一尊汉代将军班超的雕像，他生活在公元 32 年至 102 年，当然这座雕像的出现要晚得多，1996 年才建好。

班超是中国汉代的几位军事领袖之一，他曾带领军队深入沙漠地区作战。汉朝与匈奴的争战持续了几个世纪，这也构成了汉朝历史的特点。在汉朝强盛期，“西域”仍保持忠诚，但汉朝皇帝的权威在基督诞生前后动摇了。基督纪元初始的 20 年间，汉朝不复存在，篡权者欺辱边境的各部落，惹恼了西域的臣民，各沙漠王国彻底停止向中原纳贡。公元 25 年，东汉建立，汉朝的香火又可延续两个世纪。但此时，西域已经深受游牧民族影响。班超和其他几位将军设法夺回了对该地区的控制权，并维持了一段时间。随着中国国力渐衰和汉朝走向灭亡（公元 220 年），沙漠地区的绿洲皆被贵霜帝国吞并。在那几十年至关重要的历史时期里，该地区与印度的关系紧密程度超过了其与中原的关系。这导致了新的旅行者出现，迎来了新思想的变革浪潮，尤其是佛教，它逐步穿越沙漠，从此改变了中国。

即使是在汉代，西方的异域风情也在中国留下了印记。中国许多日常食品的名字中，都曾有“西”或“胡”字，这些名字都代表着它们与丝绸之路的各种渊源。源自外国的有各类甜瓜、黄瓜、食用大黄、蚕豆、胡萝卜、芝麻、核桃和胡椒。这些名称中的“西”或“胡”字在现代汉语中多被省略，或做了委婉处理，或被曲解，但在古代史稿中仍可找到原名。

“蜂蜜”这个词是从丝路沿线的吐火罗人那里借来的，他们称之为米特（Mjit），发音和印欧语系中“蜜”的词根一样，也同英语中的“mead”的词根音近，吐火罗人从波斯把蜂蜜带到了东方。葡萄，古波斯叫布达瓦（budawa），被追随亚历山大大帝的希腊殖民者带到了费尔干纳地区，然后沿着丝绸之路传入中国。芫荽，波斯语叫皋荽（goswi），在早期传入中国时，被称为胡荽。

正如商品和农作物陆续被运往东方一样，中国人也向西行进，并非为了征服，而是要包抄和阻止北方游牧的敌人。汉代的中国版图逐渐向西延伸，像是拉长了手柄的锅铲，延伸到长城的尽头以远，瞭望塔和驻军点连成了长长一线。中国版图止步于敦煌，它就是沙漠边缘的“闪亮灯塔”。但中国的势力范围最终会一直延伸到疏勒，而从疏勒山口开始，又蜿蜒连接着另一个世界。疏勒是遥远的边塞，同时又有着诗意般的临近感，因为乌鸦可以从这里飞到“最远的亚历山大”，即波斯的边缘。

对于任何想持续控制西域的人来说，补给和信息通达是真正的问题。对于一个沙漠首领来说，即便知道自己享有中国皇帝的封号也不足以慰藉内心，流窜的敌人可以从沙漠中出击，偷走他成群的牲口或其他贵重物品，不出几个时辰就逃之夭夭了。而向中国人通报被袭则需要数周时间，远征的队伍需要数月时间才能抵达。来了之后，又需要食物和住宿，最终耗费更多，而最初的盗贼早已不知所踪。

位于中国边境和匈奴草原文化边缘的楼兰绿洲，常常要在这两者之间周旋应对。一位楼兰国王曾被迫把自己的两个儿子作为质子分别送往这两个敌对之地，可匈奴和中国人都对楼兰人的动机持怀疑态度。公元前 77 年，汉朝使者傅介子在前往遥远的西域途中路经楼兰，他带着大量黄金和礼物，要去换取著名的费尔干纳骏马。他也给楼兰国王带了一些小礼物，楼兰国王张开双臂欢迎中国使者。两人一拍即合，据说他们享用了从中国内地带来的美酒佳肴，很快就喝得熏熏欲醉。就在国王酒酣耳热之时，傅介子宣告了此行的另一使命：一支中国军队护送着国王的弟弟，正在向楼兰进发，将取代他成为楼兰新的统治者。

楼兰被赋予新名称，重新成了中国的附庸国。这位在中国都城长大的新统治者很快就“请求”中国派驻军队，以防他那些被剥夺继承权的兄弟子侄发动兵变。中国派出了军队和官员，在汉朝的宫廷记录中留下了一份颇为严肃的报告，列出了该地区最丰富的物产，如芦苇、红柳、白杨和玉石。

然而，这份报告也表达了一些希望，即应调用一些农民劳力开垦建设一些灌溉农田，也可少许增加该地区的绿化面积。这样的希望，成文于大约两千年前，与后来中国对该地区的许多评估相吻合——干旱、沙漠化，但假以时日，环境就有可能得到修复。

## 出兵疏勒

我们对世界的看法，正如罗马帝国时期的欧洲人对世界的认知，在很大程度上是由罗马人传达给我们的，所言所记经常与实际情况相去甚远。以偶见的历史掌故为例，据卡修斯·迪奥的记载，埃及艳后克利奥帕特拉曾打算把她的儿子恺撒里昂送到“印度”的安全地带，暗示了埃及与印度通过陆路有着更密切的接触。然而，彼时埃及的贸易主要是通过海上进行的。

在丝绸之路的另一端，中国的编年史家也同样对充满异域风情的、神秘的西方着迷。特别是《后汉书》的作者范晔，在《西域》一章中，试图收入一些今日已经佚失的早期作品。正如罗马人的记述常常假定他们的首都是世界的中心，越远离这个世界就越野蛮一样，中国的记述也包含着一种传统的假设，即中国是万物的中心。范晔专门写了西城——“西部城墙 / 城镇”，展现了一个开放的地区，局部点缀着绿洲上的城防。他使用的“郡国”一词似乎涵盖了一切，既可以模糊地代指罗马帝国（即西欧大部分地区），也可以代指一个村落，仅有几个布满灰尘的小屋舍挨着一口咸水井。

然而，有一些“郡国”非常大。吐鲁番古城及其周边数千平方公里的区域位于海平面以下，这一地理条件使它在该地区具有巨大的优势。从汉朝开始，这座城市就靠坎儿井供水。坎儿井是一种地下灌渠，从附近火焰山引来水源，通过一系列水井和地下渠道汇集水源。今天吐鲁番的坎儿井总数达 1100 多条，人工挖掘的隧道长达 6000 公里，构成了令世人惊叹的灌溉系统。利用吐鲁番地势较低的优势，仅靠自流就能将珍贵的水资源大量引入该地区，到了唐代，吐鲁番居然开始种植水量要求较大的棉花了。如果这些灌渠像地中海那样曝露在阳光下，大部分的水流还未抵达城市就会蒸发掉。坎儿井地下潜流巧妙地保存了原本会流失的水资源。

在 1942 年出版的《戈壁沙漠》一书中，盖群英①和冯贵石②对坎儿井形成的令人震惊的结果做了如下总结：

> 吐鲁番就像荒滩上的一座绿色岛屿，它的边缘不是海水，而是贫瘠的沙砾，干旱的沙漠和肥沃的土地之间的分界线，就像海岸和海洋之间的界线一样分明。当旅行者从贫瘠和干燥的荒滩步入林木丛生的吐鲁番时，这片沃土自会带给他无比的震惊。

由于坎儿井的存在，吐鲁番早已是繁荣的农业社区，绿洲内外有着显著不同的景象，沙漠中的田野和葡萄园恰如沙海中的绿色岛屿。在中国，这里是公认的葡萄主产区，炎炎烈日把葡萄晒成葡萄干，今天人们还用葡萄酿酒。

然而，吐鲁番的地理位置是独一无二的。大多数其他的保护国都小得多——孤立的绿洲、烽火台、贸易集镇或出产矿藏的城邑，这些城邑集镇的统治者们，对中国人和匈奴

---

① 盖群英，Middred Cable（1878—1952），20 世纪初在山西、甘肃和新疆传教的英国女传教士。

② 冯贵石，Francesca French（1871—1960），比利时人，20 世纪初由英国教会派往山西、甘肃和新疆的女传教士。

人的忠诚总是首鼠两端。两个争强好胜的超级大国都要求他们遣子入侍，以确保这些沙漠“王国”的忠诚，这对孩子们来说未必是件坏事，因为这些公子见识了世界。截至汉末，丝绸之路诸王国的许多统治者，都曾在汉都洛阳度过了一段人生的成长期。

他们的事迹，如《后汉书》所述，仅限于写信和偶尔发生的战役中。他们的名字是用古老但可辨认的中文写的，这不可避免地使他们听起来像是中国人。但事实远非如此——在汉代，沙漠王国的居民似乎来自印度，他们崇拜佛陀，讲一种与梵语有族属关系的语言。但《后汉书》中没有提到他们的肤色，也几乎没有提到他们外貌的其他方面。

范晔对“战斗”和“军队”的描述也经常夸大数字。公元前 123 年，敦煌太守向皇帝上书，报告匈奴正在向西“潜进”一事。换言之，匈奴每年以游牧之名，逐渐迁徙到了中国人自认的领土上，周围却没有人阻止他们。太守向皇帝提议对策可缓可急，要么出兵 5000 人消灭匈奴，要么按兵不动，不过这会导致难民危机，当地人会向东逃回内地，而匈奴很可能紧随其后进一步掠夺财物。

汉朝采用了相对低技术和低强度的解决方案。确实遣出了一支“军队”向西行进，但它是由 500 名被释放的囚犯组成的，军队被安置在一个前突的位置，因此匈奴下次出现时将面临更大的抵抗。中国称这些军事驻地为“屯田”，并希望它们能自给自足，能够在离麻烦源头更近的地方开展行动。这是历史记录中最早的在新疆推行的准军事治理手段，其后逐步演变延续到了今天。

屯田似乎起到了作用，但却没法阻止西域各部族之间的争斗。公元 129 年，位于沙漠地区西南部的于阗统治者杀死了附近的克里雅绿洲的统治者，并将此地交由自己的儿子管辖。新统治者欲向汉朝皇帝进贡，但被敦煌太守拦了下来，太守告诉他，皇帝不会宽恕诸侯间的杀戮。因此，皇帝下令恢复克里雅合法的统治者的地位，但于阗拒绝接受。

这一混乱局面历经三年时间才得以解决，在初期的交涉中，大部分时间都花在了信息的传递上，一次消息的传递就需数月，而这些沟通仅仅是为了确定让皇帝撤销谕旨。与于阗的信息传递尤其困难，从敦煌到于阗的路线在夏季是无法通行的，通邮只能等到冬季，水冻结为冰块，才可用骆驼携带足够全程使用的水。

另一位国王终于让正义得以伸张，而他的统治地界——疏勒王国距离汉朝都城更远。圣旨传递给疏勒国王更要多花几个月时间，接到皇帝的旨意后，疏勒国王带着大约两万人的兵力出征了，他也许把兵力虚夸了十倍。真实的兵力数量可能不大，但足以消灭于阗的弱小军队。数百名于阗人被斩首，赢得胜利的疏勒人“获准自由掠夺”。遇害的克里雅国王的儿子被扶上位，秩序得以恢复，不过怀疑论者可能会说，这不过是中国封建宗主首肯的另外一场小小的沙漠战争而已。

此次经历似乎仍没有消除当地的争斗。20 年后，当一位汉朝使者在于阗死于“痈疡”之时，克里雅的统治者迅速向使者的儿子暗示，他是被毒害的。其后类似事件不断重演。

班超最初被派往西域去驱逐来自北方的骑兵，他在西域维持驻军，以阻止边境入侵，平抑当地冲突。随着沙漠中的驻军费用开始显得靡费（这个问题一直困扰着该地区统治者），许多军队被调回。然而，班超带领几百人留了下来，粮饷供应全部断绝，要么从周遭夺取食物，要么自己种植，在此条件下，他仍在扶植效忠中国的政权。他在一个条件严苛的时代维持着中国的存在，而当时他的皇帝几乎已经放弃了一切，他最终返回家乡，也带回了西域“三十六国”的故事。

班超面对的敌人，军力远胜于他。如果西域的各绿洲王国能够停止彼此间的缠斗，团结起来对付他，他肯定无力应对。他在西域驻军期间，确实出现了一个对他构成威胁的联盟，疏勒和龟兹的国王策划要除掉他。班超装作一无所知，邀请疏勒统治者赴宴，席间将他捉拿后斩首，然后杀了他的随从。

这是新疆历史上第一次，但绝非最后一次灾难性的宴席，这类激烈的“战争”表现在战术层面上的话，经常发生在个人之间。忠诚非常脆弱，资源也非常稀缺，也就有了许多相似的所谓“军队”的传说，一旦军队的将领被斩杀，兵士们就作鸟兽散了。当我们想到战争的时候，脑海中浮现的是列队行进的士兵，或者整个骑兵营。但班超的胜利要经济得多，大约相当于现代意义上的一系列驾车枪击、暗杀和直白的威胁。如果有 20 名汉朝士兵在正确的时间、正确的地点吓退了 12 名匈奴骑兵，那么西域在未来的一段时间仍然是“中国人”的疆域。

班超难免也想知道，穿过疏勒边界的山口以西有什么。他与贵霜帝国（即现在的阿富汗）结盟，这个国家可能是由曾经居住在罗布泊的吐火罗人的后代（抑或是表亲）组成。他们的统治者乞求汉朝军事援助的同时，还请求朝廷赐予公主结亲，但遭到拒绝。这本身就暗示了汉朝认定的疆域边界的实质内涵。公主们的结亲对象，一定是真正的附庸和盟友，也就是说，只有那些将成为或可能成为“中国人”的群体才有结亲的机会，但这样的结亲止步于疏勒的边界。

《后汉书》记载了班超的一位使者在公元 97 年开始的一次远征——考察西域最西边的传奇帝国，中国人称之为“大秦”的地方。这个名字很奇怪，甚至连中国的研究者都感到困惑。这可能是对罗马帝国某个特定地方的错误引用，而且仍不清楚该地的具体方位。范晔提出了一个不太可能的说法，即这些西域人士身材高大且诚实，有点像秦国人。但这个词隐含更不祥的含义。在中国统一之前的战国时代，秦是最西边疆域的名称——一个崇军尚武的国家，最终征服了所有其他国家。中国编年史学家称罗马帝国为“大秦”，可能暗示它是一个遥远的威胁，地处比秦还遥远的西方，但可能更强大。

这次考察任务中途被终止了，可能是狡猾的帕提亚人（即安息人）从中作梗，他们担心身处罗马和中国两大帝国之间，两强的联盟会让他们面临灭顶之灾。帕提亚人告诉中国的探险家，罗马地处大海的另一端，如果运气好的话，他需要三个月才能横渡大海，如果遇到逆风，横渡大海就得花两年时间。也许某位帕提亚商人希望卖给他三年的粮食补给来实现这项伟大的跨海任务，但他似乎抵达的是印度河沿岸某地，可能是隶属于帕提亚的酋长国信德，在那里他又被刻意误导，要他等待季风。不管是出于什么原因，班超的使者就此返回了中原并报告说，在西域有许多“珍奇异物”，但他未得亲见。范晔为了让这位使者的游记显得更有说服力，也在《后汉书》中列出了自己拟订的罗马奇珍清单，其中包括大秦国人都剃光头发（皆髡头），使用水晶餐具（琉璃器），还说“其王无有常人，皆简立贤者”，国王不会永久在位，而是要从最具贤能者中挑选出来。

如果这样的报告看起来可疑或完全是杜撰的，我们可能会原谅他们对世界特定地区所知不多。很明显，历史学家和小说家会对罗马人和中国人之间可能的接触特别感兴趣，尽管某些自称来自“罗马”的旅行者可能实际上是投机取巧之徒，在与各地当权者打交道时，他们信口胡说一个无法核实的来源地即可。

以范晔为例，他在《后汉书》中记录道，公元 166 年，据说有一个使团来自罗马。但从他对“大秦王”派出的这些来访者的描述中，字里行间的一切听起来都很可疑。他们声称来自大秦王安敦统治的土地——如果他们指的是安东尼·皮乌斯的话，他已经去世好几年了，他的养子马可·奥勒留继承了他的王位。让我们先假定他们是无辜的，假定安敦可能是安东尼家族的误称。但是这些所谓的使臣旅行的路线远离了陆上丝绸之路，而是行经了现在的越南海岸。如果他们是《后汉书》中有关罗马的信息来源，他们似乎对叙利亚和埃及的基本事实所知甚少，对罗马所知更少，他们说罗马显然是在桥的一端，这座桥延伸了几十公里，另一端就是埃及了。他们献上了“象牙、犀牛角和玳瑁”作为“贡品”。这些商品听起来都不是罗马的特产，也没有给中国人留下太深刻的印象，中国人认为这些贡品太普通了。在范晔的官方记载中，大秦的使节看起来相当寒酸，也许大秦帝国盛世的谣言被严重夸大了。他甚至略带轻慢地指出，这个遥远的文明显然是用“野生”蚕茧来制丝织布的。他似乎没有考虑到这些“使节”根本不是官方外交人士，而是一群试图浑水摸鱼的印度水手。相反，他颇为恼火地甩手结束了关于罗马的部分，写下了“所生奇异玉石诸物，谲怪多不经，故不记云”。

## 丝绸传入于阗

古罗马作家的记录也同样不精确。长老普林尼似乎也在他的《自然史》中记录了一段关于新疆的错综复杂的描述。“我们来到……被野兽占据的沙漠地带，后来我们到达一条山脉，绵延向大海。”当然，这里没有大海，但普林尼的意图是说，西藏的山脉是所有有趣事物的边缘，他假设，在山脉之外只是环绕世界边缘的海洋，再无其他。他还写下了这样的内容，在喜马拉雅山脉以北，沿着其山腰道路前行至半程，那里有人类居民，他称之为“塞里斯人，最广为人所知的，是在他们的森林中发现的羊毛”。

普林尼可能指的是塔里木盆地最大的绿洲于阗，它位置得天独厚，夹在两条融雪性河流之间。像大多数新疆的河流一样，它们最终会消失得无影无踪，但在于阗，水量充沛，可为大量人口提供灌溉。麝鹿漫步在附近的山丘上，那里的矿山中能挖掘出玉石。在距绿洲不远的地方，人们可以在河床上淘金或采挖玉石，而且淘金采玉都不会损害当地居民的财富。最重要的是，于阗不知何故获得了生产丝绸的必要材料，据推测是当地统治者与中国公主和亲的结果。

在公元1世纪的某个时候，这位史上未曾留名的女士被送到了于阗，也许是为了让此地的统治者愿意继续为汉朝都城提供玉石，而她只是汉藩和亲的又一位受害者。据传说，她要想继续享用丝绸，就得带上所需财资，用头巾偷运来蚕卵和桑树籽。这个故事不太可能是真的——不管这位时髦的女士是谁，她都需要等上桑树生长成熟一代的时间，然后繁育蚕卵。不过这个传说中还是包含着一定的事实真相，因为于阗很快就成了丝绸的产地，也成了桑皮纸的出产地。

到了1世纪中叶，于阗变得很强大，据《后汉书》记载，它“浸以骄横”，成为丝绸之路上第一个铸造自己货币的区域，一面印着中文数字，另一面是用古代印度语文字刻着每位“国王”的名字。然而，于阗似乎力图维系两边的平衡——货币上的中国数字表明，这种货币是为了在中国的势力范围内流通交易而产生的。于阗国王非常热衷于培养与中国皇帝的感情，他在公元202年给皇帝送去了一头活生生的大象，从沙漠边缘一路送到洛阳，真是匪夷所思。

## 佛教传入中国

汉朝灭亡后的几百年间，中国一直没有再度实现统一。游牧部落侵占中国北部后，逐渐被中国同化，史称“北魏”。虽然新的统治者并未试图对西域施行控制，但他们了解西域的各种情况，也通过自己的王朝历史记录，知道了通往异域王国的道路。

特别是库尔勒，它在《魏书》中有单独记载，主要是因为在离绿洲不远的地方发现了一种从地下渗出的神奇物质。据说它有修复脱发和牙齿的能力，如果病人把它当作药剂服用，就能治愈所有疾病。然而，它最引人注目的是它的易燃性，今天它更为人所知的名字叫石油。

但石油并不是西域最令人难以置信的新发现。几个世纪以来，丝路上的旅行者们一直在谈论一位印度的宗教人物，他的崇拜者逐渐来到了西域。有传言说，年迈的班超在去世前不久返回中原，他从疏勒以外的汉使驻地带回去了数座“金身塑像”。

在北魏时期有这样一个传奇故事，据说汉明帝梦到了一个“金光闪闪的”人在金銮殿上空飞来飞去。这个故事以一种新的方式，重新诠释了班超出使西域的意义，暗示着中国的西进运动，不仅仅是出于军事战略考量，更是为了寻求宗教启蒙，要寻找更多关于佛祖的信息，那时就流传着，佛祖在中国已得永生——这是当时证得般若最好的表达。

佛教传入中国的准确年代不可考。在有记载的第一批传经布道者出现之前，中国人和佛教徒之间肯定有过接触。但同理可证，许多有关最早期的接触记载，都是在时隔很久之后写下的，也可能掺入了经过渲染的宗教意义。要确定某些人的佛教信仰程度一样很难。直到中世纪时期，中国人对佛教的理解程度都是值得怀疑的，这与历史上几波佛经翻译有关，各历史时期翻译的可靠程度差异很大。

然而，佛教在西域的兴起是显而易见的，大量信徒的涌入将许多绿洲变成了更有“天竺”特点的城市。佛教影响了中国生活的各个层面。佛教不许杀生，这影响了中国饮食，改变了以前爱吃马肉和狗肉的饮食习惯，大大提高了豆腐的受欢迎程度。僧侣喜欢喝茶，因为茶可使他们在长时间的冥想中保持清醒，老百姓也渐渐喜欢喝茶了。

各行各业的人们都希望通过捐出财富来换取宗教的福荫庇佑，这些捐献资助了寺庙、雕像、石窟和其他公共工程。丝路沿线由此涌现了诸多大规模的佛教建筑，彰显了贵族的慷慨，也有成千上万的并不那么引人瞩目的佛教建筑，捐资建设的既有贵族也有身份卑微的旅行者。

其中最著名的，是中国边塞与沙漠交会处的“闪亮的灯塔”敦煌，游客们往往会在这里捐钱，既是对一路以来的平安表示感激之情，也是祈望前路顺遂平安。这一习俗据说始于公元 353 年，欲往西天取经的乐尊和尚，满身疲惫地行走在敦煌砂石磨砺的悬崖上时，眼前突现奇景，天空中一千尊佛像发出灿烂光芒。乐尊感怀于亲见文明造化，就留在这里，成了在此投身建造佛窟的第一人，开启了中国持续一千多年虔诚的石窟佛洞建设历程，继而迅速带动敦煌东西两个方向沿着丝绸之路的佛窟建设，类似的“千佛洞”，最西端出现在今天位于中印边境的叶城县，最东边出现在了中国的九朝都会洛阳。

鸠摩罗什（344—413）的父亲来自犍陀罗王国，即现在的阿富汗和巴基斯坦，他父亲定居在龟兹（今新疆库车）之后，据说在极不情愿的情况下娶了国王的妹妹，其实逼婚是为了延续他家族神圣的基因，生育新一代的学者。虽然鸠摩罗什出生在龟兹，但他在少年时期曾回到犍陀罗求学三年，二十岁出头就成为吐鲁番著名的宗教领袖，吐鲁番是贵霜帝国最东端的前哨。在该地区权力的周期性更迭中，他被中国士兵俘虏，成了中国各新兴王朝当权者争夺的对象。在几度被非佛教徒当权者掳走之后，他最终落入一位亲近佛教的王位觊觎者手中，并被带到长安（今西安），人们在此敬奉他为大师。传说他到达这里时，手牵一匹驮着价值连城的天竺经文的白马。因此，中国好几处的佛教圣地都取白马之名，如洛阳的白马寺和敦煌的白马塔。

鸠摩罗什在被囚禁期间学会了中文，对早期的佛经译本大加批评，认为这些译本读起来有似“嚼饭喂人”。他学识远超同侪，熟知那些尚未译入的佛经，他启示世人，佛教不止一个流派。在他到来之前，中国人一直被灌输的佛教，是以牺牲平民为代价而拔高圣人。鸠摩罗什开创了翻译的新阶段，他专注于大乘教派，这是他的兴趣所在，大乘佛教旨在度化每位信徒，而不仅仅是度化僧侣。他改变了以往的惯常译法，在译经时拒绝借用中国本土的儒道表达，所谓借用式的译法，将早期的佛经译本变成了沾染道家或儒家哲学意味的篡改版本。相反，他监督翻译的新译本更贴切地诠释了原文内涵——直到今天，许多中文佛教术语的发音仍与他的犍陀罗口音相对应。他对当地的统治者姚兴产生了很大的影响，姚兴曾自立为帝，但鸠摩罗什提示他，上天不赞成其行为，所以得到这个不祥喻示后，他就自贬为“国君”。据推测，受鸠摩罗什的影响，姚兴不再实施王国的军事扩张，他推广佛教，据说他治下九成的百姓皈依了佛教——这一说法可能反映了鸠摩罗什的大乘思想，即众生皆可度化，而非仅限于宗教精英。

到公元413年鸠摩罗什去世前，他已经翻译了许多具有里程碑意义的佛教经文，包括《金刚经》和《妙法莲华经》。在他之后的一千年里，中国持续引入了大量的佛教经律论典籍，从天竺语言中引入了成百上千的新词汇，还引入了天竺文化中衍生出的各类叙事体、英雄人物和故事，有些文化源泉跨越了在今天都难以置信的遥远距离。今天，鸠摩罗什的雕像矗立在克孜尔千佛洞石窟旁，当然他的相貌完全是源于艺术上的想象。

并不是每位皇帝都有姚兴的那种责任感和虔诚。一百年后，另一位来自西方的僧人来到洛阳，与姚兴的某位继任者见面。这位僧人名叫菩提达摩，关于他的来源地，说法各异，有说他是波斯人，有说他更有可能是南天竺人。接见达摩的是立朝不久的梁朝皇帝，他自称是虔诚的佛教徒，但他的捐赠和各种作为更像是富人希望通过奉捐来换取登天度化。

听闻菩提达摩是世人敬仰的圣人，皇帝问他，自己通过向寺庙捐款、抄写佛经和其他善行积累了多少功德。菩提达摩耸了耸肩回答说，皇帝的礼物很好，但并没有多少“功德”。皇帝震惊之下大发雷霆，斥问达摩所追求的“圣谛第一义”是什么。菩提达摩认为，没有什么“圣谛第一义”，只是“空寂无圣”。皇帝又问，是谁在回答朕的问话，达摩又耸了耸肩，说他真的不知道。

这次接见没能达成什么结果。菩提达摩刚被赶出宫，皇帝的一位阁僚就禀报说，大臣们刚刚目睹了达摩其实是观音菩萨的真实化身。皇帝意识到自己可能错过了一次参悟之机，下令让人把菩提达摩带回来，但臣子们说此时即便是几匹野马也不可能把他拽回来了。

菩提达摩落脚地在几十英里外大山里的少林寺[①]，他在此面壁九年，这么做让正统佛教徒颇感不解。然而，他的影响是广泛的。据说，他给当地的僧侣们建议，锻炼可以防止肌肉松弛，他开创了一套训练制度，让他们保持健康的战斗状态……这促成了少林功夫的最初萌芽。他的虚无主义信仰体系，倡导寺庙和僧侣们将所积累的大量财富和物质放下，只在虚空中探究真理，他的佛教思想发展成为颇具影响力的禅宗。如今，禅宗的日语发音“Zen”在全世界更为人所知。

关于菩提达摩的故事还有一个可讲。公元6世纪末，中国使者宋云在疏勒城外的山上遇到了老和尚达摩。菩提达摩说他完成了自己的工作，现在是在回家的路上，手里还拎着一只鞋。宋云回来后，把这一发现告诉了他的同僚，大家都不信宋云所说，因为菩提达摩已在三年前去世了。但当他们在洛阳城外打开他的坟墓后发现，里面只有一只鞋——那双鞋的另一只。正是因为这个原因，中国许多寺庙里都有菩提达摩画像，他手里提着一只鞋的样子，好似他刚刚找到了

① 原文信息有误，梁武帝于大通元年在金陵（今南京）接见了达摩。达摩面壁之地是在河南嵩山少林寺。

一只鞋子，正合你的尺码。

从佛教最初在中国生根，到数个世纪后，人们很难记起它曾被视为外来的信仰。来自敌对宗教的竞争，尤其是伊斯兰教，侵蚀了佛教在丝绸之路各城邑留下的部分遗产，而 20 世纪的“文化大革命”，也使中国的许多佛教遗址遭到破坏。中华人民共和国奉行宗教信仰自由的政策，佛教寺庙仍随处可见。很难想象，旅行者在丝绸之路上的每一个绿洲都找不到一座佛像，也很难想象在距离今天某个遥远的日子，在喀什和敦煌的“千佛洞”里看不到任何造像壁画。今天在新疆发现的佛教完全是中国化的，只有偶尔出现在祈祷法轮或寺庙文档上的梵文，才提醒旅行者佛教来自遥远的地方。今天也很难想象，朝圣者法显（337—422）所描述的沙漠中的各个推崇宗教的城邑，那里有成千上万的僧侣，还有载着镀金佛像神龛的车辇，以及鱼贯而成的盛大游行队伍，在游行队伍的前列，车辇上的王后和公主在抛撒花瓣。

# 第四章
# 唐　朝
（公元618—907年）

在西安城西一个十字路口中间矗立着一组雕像，群雕坐落在一个由低矮灌木围起来的公园内，多条车道的交通隔开了往来的路人，周围交通的喧嚣声一刻都不停歇。以砂岩为基材的雕刻线条粗犷，颇具印象派风格，群雕由一个又一个形象连绵组成，整体体积硕大，长度超过了一辆灰狗巴士。

群雕刻画的是一个驼队，由马背上的骑手随护着整个队伍，骆驼背上载满了卖往西方的货物。群雕本身是黄色的基调，与前路漫漫大漠的颜色相匹配，雕像前方是风格鲜明的铁灰色大门，与驼队后方几个街区以外的西安城墙颜色一致。一个商人骄傲地坐在一匹双峰骆驼上，一位骑马的守卫为驼队殿后。一位骆驼骑手，满脸胡须、鹰钩鼻，似乎带着遥远西方的希腊基因——也许是粟特人，看起来心神不宁。在他旁边是一位留着长胡子的中国学者，骑在马上，脸上挂着若有所思的微笑，正回望长安。

驼队的前端是一只驮着丝绸和地毯的大骆驼。在它脚下，一只猎犬正警觉地在地上嗅来嗅去。牵着骆驼缰绳的那个人留着胡须、穿着裤装、戴着头巾，他凝视着前方漫长的道路，通往遥远的西方。毫无疑问这是位穆斯林。如果说喀什豪迈的班超塑像是彰显中国大一统的权威，那么在距离喀什三千公里、曾经是中国都城的西安，这组群雕自然表明了中国在丝绸之路的重要地位。

这组雕塑被称为“丝绸之路的起点”，这在西安和邻近的洛阳这两座古都之间持续的竞争中打响了一枪，两地都自认是丝绸之路的起点。西安的重要依据就在于附近的一个考古遗址——唐西市遗址，来自西域的商人们在这里卸下穿越了沙漠、经过长途跋涉后的货物。西安确实是一个不错的起点，当然是中世纪丝绸之路一个关键的节点。

经过几个世纪的分裂之后，短命的隋朝（581—618）重新使中国回到统一的国家状态。隋朝的建立者是一个残酷的专制滥权家族，在数十年间实施了对外战争、对内苛捐杂税和残酷压榨百姓等不得人心的措施后，民心彻底背离。隋朝被统治者的表亲和姻亲推翻，他们随后建立了延续近三个世纪的唐朝（618—907）。在中国史书中，关于大唐统治者，有一个被遮遮掩掩的真相：在统治者各家族中，多数不是中土人士，他们中的许多人，即便不是外国人，也都带有异域特点。他们的女人有时穿着裤装骑着马就上了街，居然也不遮面纱。他们从小就熟悉牧马场，个个都是优秀的骑手，这个特点让他们与突厥人有了相似之处。一支由唐朝王公贵胄组成的马球队，曾经传奇般地击败过一支突厥马球队，而马球是突厥人的特色项目。

唐朝早期的英雄是第二位皇帝唐太宗，他年轻时矫用他父亲的名义，以一场宫廷之变赢得了皇位之争。他父亲很快便禅让了皇位。唐太宗采取了各种手段巩固江山帝业，使唐朝进入了可谓是中华帝国最辉煌的时代。

唐太宗雄心勃勃。他在皇位争夺中谋杀了自己的哥哥，而他父亲显然对他下一步的行动感到恐惧，于是向他“献上”了皇冠。隋朝只是用贿赂与和亲的方式绥靖西域的突厥人，但唐太宗却对突厥人发动了一系列的军事行动。传说有一次他骑马率军深入草原腹地，向突厥统治者发起一对一的决斗。他倾向更为实用的措施，利用突厥人内部的纷争，把唐朝军队化整为零混入突厥人内部，在内战中进行斡旋，并成为最终的胜利者。

唐太宗的帝国之所以如此伟大，原因之一是他本人的双重身份。中国历史记录他为唐朝第二位皇帝，在历史记录中偶尔也承认，他其实是逼父退位而上台的。极少有人注意到，他不仅是中国的皇帝，也被誉为天可汗，也就是说，他还是草原游牧民族突厥人的大可汗。他为常年争斗不止的边境地区，创造了一段短暂的和平时期。

和平给丝绸之路带来了新贸易和新商品。菠菜是公元647年尼泊尔国王奉给大唐的贡品，原来的发音“帕灵嘎”让中国人念成了“菠薐菜”。梵文中念作“玛丽卡”的花，从西方传入中国，唐代妇女喜欢别在发饰上，她们称之为“茉莉花”，不久之后又将其泡在热水中，茉莉花茶由此问世。波斯语念作“莱蒙”的水果，来到中国后成了“柠檬”。

唐朝还与一种特殊的陶器有关，这种陶器在丝绸之路的许多纪念品市场上极为常见——这些陶制品形象各异，双下巴的舞女、马、面目狰狞的守庙人和牵骆驼的商人，不一而足。这些陶器都采用了一种独特的“鸡蛋加菠菜”的配色方案，包括奶油色、绿色、棕色，偶有蓝色。这就是三彩陶器，在陶器上敷涂含铅釉料烧制而成，铅釉中的铜、铁、钴等元素，对应形成黄、绿、蓝等多种釉色，奶油基色是纯天然黏土的本色。

中国自汉代起就开始使用绿釉陶器，有证据表明，三彩本身略早于唐朝，但兴盛于唐朝。三彩器在唐代墓葬品中常见，它的烧结温度比其他陶器要低，釉料中的金属元素使许多文物历经千年而色泽不变。西安钟楼地铁站为了凸显极简主义的设计理念，这里的墙面装饰使用了唐三彩元素，乍看起来杂乱无章的色彩拼缀，反而会唤起人们对此地历史的记忆。

## 唐三藏

唐太宗统治时期最著名的丝绸之路旅行者，就是抗旨不遵的玄奘，世人敬称他为唐三藏（602—664）。尽管佛教已在中国广为传播，经过数代翻译家的努力，中国佛经圣卷规模已成，但他仍然认为前人译著多有错讹误读，译本义理含混。毕竟，印度和中国之间相隔漫长的山脉和沙漠，旅途多有凶险，梵文翻译成中文难免须借由各种中介语言传递信息，极易产生误解错漏。由于突厥叛乱分子在西域占据了许多关键地区，唐太宗已下旨禁止西行，谁都不应以身试险，但在梦想的感召下，27 岁的玄奘仍然踏上了西天取经之途。

玄奘西天取经历时 17 年。他的足迹连接了各地的寺院、宫廷与沙漠帐篷，他品尝过盛宴更忍受过饥馑，这般经历如此反复，他既曾在国王的欢迎仪式中受万人景仰，又曾在深夜潜行以躲避敌对方的军人。玄奘在返回长安后，即由他口述，一位弟子执笔完成了著作《大唐西域记》。书中记录了茫茫西域大漠中佛教文化的兴盛，一些寺院里住着成千上万名的僧侣。玄奘的叙述也点出了当时“忠诚”的狡猾本质。当他来到素以甜瓜闻名的哈密小镇歇脚时，发现这里臣服于某个游牧民族。而在他离开几个月后，哈密却又一次以“中国”城邑之名出现在中国的记录中。在吐鲁番，一位国王欢迎了玄奘，很自豪地告诉他，自己获得过朝廷的封号，但这位统治者又与突厥可汗非常友好，还为玄奘写了一封通关函，要求可汗在其领土上保护好玄奘法师。这种地方实用主义可能是应付遥远统治者的一种现实选择，但最终的效果却适得其反。公元 640 年，这位国王在前来复仇的唐朝军队逼近时死于恐惧，大军一举占领了他的领土，将其纳入了大唐治理版图。

距离吐鲁番不远，天山山脉的砂岩山麓一片荒芜，地表凹陷坑洼，峭壁在沙漠的映衬下呈现鲜红的色彩，峭壁上的万千沟壑如同一条条垂立的波纹。从沙漠中望去，透过灼热的日光和炽热的气流，连绵的山体似是一片火海，中国人因此把这里命名为火焰山。据当地传说，一条龙在山丘附近被切成八段，它的血冲积大地形成了这里极具特色的沟壑。但玄奘对这一地区的兴趣，更应该集中在山脚下的柏孜克里克石窟上，在河流冲刷出的形状独特的峡谷上方，人们在断崖壁上凿建了石窟，雕凿出了展现佛陀生活的造像。在后来的几个世纪里，石窟的数量不断增加，直到有一天，这里被誉为千佛洞。应该这样讲，丝路沿线多地皆有此类叫作千佛洞的圣地，此地只为其一。然而，在柏孜克里克石窟，遗存所剩寥寥。许多作品已被穆斯林破坏者损毁，其余的被德国考古学家运走了。只有一些原始残余遗物留存下来，分散在国外各处的博物馆里，而它们与现代柏孜克里克石窟相隔万水千山。但从现存的照片资料和修复的壁画中，可以看到中世纪时期新疆多民族佛教信仰的迷人景象，有些图像展现的是红头发蓝眼睛的僧侣在给黄皮肤的中土人士授课。

在中世纪的新疆，这样的景象并不出奇。西出大唐不远，在聆听玄奘讲经的信众中，有一位是龟兹国王，他的肤色与在壁画上的印欧僧侣相近，他统治着当时地域面积最大也最繁荣的沙漠王国屈支国[①]，玄奘的执笔弟子记下了这些内容："宜穈、麦，有粳稻，出蒲萄、石榴，多梨、柰、桃、杏。土产黄金、铜、铁、铅、锡。气序和，风俗质。文字取则印度，粗有改变……"

人们有时候会忘记，龟兹，和其他"沙漠王国"类似，其实是位于塔克拉玛干边缘，而不是在其腹地。更令人困惑的是，龟兹显露出明显的"天竺"特点，而当时在它东西两侧的绿洲，却都明显是受着突厥或中国的影响。但由于沙漠中周期性出现的幽灵河，龟兹当时似乎离印度"更近"。当然，塔克拉玛干的河流一直都不可靠，季节性变化和河道的改变都难以预测。

龟兹看起来明显带着"天竺的特点"，原因在于，尽管这里距离天竺很遥远，但它是通往天竺必经的山路隘口路线的起止点。塔克拉玛干北边的龟兹和南边的于阗都会出现融雪性河流，最终都会流进沙漠，这种季节河的流速和深度足以浮起船只。尽管这种季节河在中段会出现断流的情况，但

① 玄奘《大唐西域记》中龟兹国的名称。

是借助人力，再辅之以工具提升重物，完全可以让一艘船穿越沙漠。今天这样做是不可能的，因为数量众多的灌溉工程会在季节河流到达沙漠之前将水源分流干净。最近的例子是在 1899 年，斯文·赫定对穿越沙漠的行船技术进行了测试和验证，当时他做了为期 82 天的驾船旅行，从新疆西南部的叶尔羌一直前行到了乌鲁木齐附近的库尔勒。这条水路的有些河段水深近三米，波涛汹涌，水流速度之快超过了行船安全的上限。而在某些河段，它在冒着热气的泥滩中慢慢地断流，斯文·赫定的 30 名船员只能在酷暑中全靠人力把驳船拖到下一段水流之上。但叶尔羌河，在行船意义上讲，曾经与阿克苏河和木扎提河连成一条水路，这两条河的源头都是北边的大山，最终都汇入塔里木河。

高海拔的绿洲坐落在大山脚下，不断有冰川融水流过，融水有时还夹带着翻滚的硕大冰块，绿洲绝非有些人想象的那般干旱灼热。即使在今天，这里仍然被绿色延绵的山峦和牧场环绕着，不过人们不需要走出聚居区很远，就可以看到田野变成了灌木丛，散布着一根根光秃秃的岩盐石柱。

然而，龟兹国王并没有给玄奘留下什么好印象，他认为龟兹统治者只是一众大臣的傀儡。玄奘造访之后，龟兹给唐朝皇帝进献了马匹，但同时宣称效忠突厥人。在玄奘的记述中有很多这样口是心非的事例，这常常使读者感到疑惑，尽管有记载说他赴西天取经未曾得到唐太宗御准，但他似乎一路还兼行了唐朝使者的职责。

## 基督信徒

孔庙在现代西安碑林书画一条街的旁边，走进孔庙花园，你就能见到碑林。这里汇集了该地区各处的石碑，包括碑石和墓志，雕刻着中国儒家四书五经的石碑形成了很大规模的碑林，以往可供研习者们来此拓印孔子、孟子和其他伟大哲学家的经典篇章。一条小径旁立着一块石碑，表面与其他数百块石碑几乎没有什么不同。但在它顶部，用清晰的中文铭刻着："大秦景教流行中国碑"——这是半似神话的古罗马存在的直接证据。

"景教"就是基督教，在公元640年左右由基督教东方教会的僧侣带到中国，这个叙利亚基督教派常被称为景教（尽管该教派不用这个名字）。"景教碑"是为了纪念这一宗教的到来，这一信仰在丝绸之路上一度非常流行，但现在似已消亡。几个世纪后，数朝的皇帝都嘲讽基督教是不可能感验的，因为它的上帝等了这么久还没能在中国展示神威，而一些传教士却委婉地指出，中国已然错过了接受基督教的第一次机会。

公元640年前后，中国的宗教界发生了几件大事。唐三藏西天取经后返回了长安，这里出现了一群外表奇特的波斯人和叙利亚人，声称他们的宗教才是真正的信仰，而在此之前人们闻所未闻。唐太宗似乎并未大惊小怪，还给他们安排了居所，又在公元638年下令不得伤害基督徒，并要求他们的领袖阿罗本为朝廷的藏经阁翻译几本基督教经文。后世认为，他的译本就是所谓的《耶稣经》，这些译本反映了基督教沿着漫长的丝绸之路，经过一个又一个绿洲逐步传入中国。景教碑上端雕刻的双龙，合拱着一颗巨大的珍珠，象征着皇家御准，这样的图案可能是为了避免受到迫害。

很难说中国人对基督教有多虔诚，也难说基督教在多大程度上被视为一种新风尚，抑或是多么罕见的异域奇珍。《耶稣经》就是一个很好的例子——甚至这个译名也是矫饰托借，中文表达恭敬且称之为经文，而这通常是佛教徒用以敬称佛经的，以此给不太虔诚的信徒暗示：基督教可算是佛教的某一教派。汉语译文也不得不在意译和音译之间做出抉择。因此，弥赛亚翻译成了“迷诗所经”，意思是“丢失的诗歌”，而圣灵不知何故翻译成了“三一净风”，这在沙漠绿洲中算是一个受欢迎的概念，但却偏离了其最初的意义。

大秦景教有许多奇怪的特点。祭祀礼开启须敲响木锣，每日做七次祈祷，敬奉的上帝名为阿罗诃。也许有人很容易地发现，后来的伊斯兰教的每日五功与之类似，对一些景教信徒来说，那只是有人曲解了其教义而已。当然，在亚洲的许多地方，伊斯兰教的迅速传播似乎与暴力和胁迫没有多大关系，多是与拉拢劝进和日渐熟悉有关。尽管景教信徒受到其他教派基督徒的迫害，但他们在伊斯兰信仰的人员聚居区受到了欢迎。毫无疑问，不出几代人的时间，景教信徒的后代可能就会因为熟悉伊斯兰教，或出于虔诚，或只是为了避免因异教徒身份须缴纳额外赋税，而转向皈依伊斯兰教。

受唐太宗恩宠的基督教在他的统治下蓬勃发展，不过尚并不清楚该宗教对当地居民产生过多大影响。有 21 位景教传道者出现在历史记录中，他们应该都是波斯人，一个当地人也没有。正如一位日本考古学家所暗示的，景教传道者主要是为驻扎在西安的外国雇佣军中的基督徒服务，而当地的信徒数量并没多少。

他们的“寺庙”遗址现在尚未确定，大致位于今天西安的市郊，历史上，在一个规模很大的道观内建有一个小教堂。景教碑似乎是为了纪念阿罗本来华一百周年雕刻而成的，但在公元 845 年左右被推倒并埋入地下，很可能发生在唐武宗灭佛运动期间。对异域宗教的兴趣，似乎是鼎盛时期多民族融合的唐朝所拥有的一个特点，唐朝在过了鼎盛时期之后，越来越依赖从西域远端招募来的善于骑射的雇佣兵，这个特点转变成了既要满足这些外国信徒的宗教需要，又对异域宗教渐生矛盾之心。而唐朝在末期衰亡之痛中挣扎之时，文化变得内向、偏执和恐惧，当权者的打压针对所有“异域”宗教，不仅是基督教，还有佛教，勒令僧侣们必须还俗，罔顾他们生不如死的苦痛。

## 华贵的昭武九姓

自公元 648 年起，唐朝官员开始在西域建立战略驻军点。龟兹、疏勒、于阗和碎叶“安西四镇”成为平靖西域的军镇——尽管这一时期的历史记录称之为“安西都护府”或安西，好像它本身就是一个行政区划。这一概念还表明了西域已平靖，仅从经济角度而言似乎是对的，因为在安西都护府建立十年后，安西四镇就被突厥人占领了，不久之后又落入吐蕃之手。与汉代一样，西域在大唐地图上显示为固有领土，但这里长期都是兵家必争之地。

塔里木盆地的“唐朝”聚居区，顾名思义，定居者来自中原。有时事实却是非常奇怪的：许多把中国文化带回该地区的士兵和定居者都是外来者。当波斯在 7 世纪落入阿拉伯人手中时，成千上万的难民向东穿越帕米尔山脉逃往中国境内。其中一位年轻人，是波斯最后的君主伊嗣埃三世的儿子卑路斯王子。卑路斯于公元 670 年抵达长安，请求唐朝援助以对抗阿拉伯人。当时的皇帝是唐太宗之子唐高宗，高宗十年前中风，身体虚弱，决策权大多掌握在他很有魅力的妻子手中，她就是后来的武则天女皇。尽管武则天允许大量波斯难民在塔里木盆地落脚，但她也尽其所能，使卑路斯的利益诉求一直朝向大唐帝国之外。卑路斯王子被授予将领头衔，并在名义上管理着位于今天阿富汗[①]的一个都督府，唐朝执政者特为他更名为波斯都督府。他在这个边疆驻地生活了 20 多年，大概在卑路斯或他的儿子（唐朝的历史记录细节有点模糊不清）掌兵期间，与阿拉伯的敌人发生了冲突，但之后他向唐中宗（武则天之子）禀报，波斯光复的希望已不复存在。

卑路斯的儿子泥涅师采用了李姓，即唐朝统治者的姓氏，他数以千计的追随者定居在丝绸之路各绿洲中，进一步扩展了这里早已多样化的基因库。几个世纪后，丝绸之路上的一些村落被称为“西方王子的住所”，人们普遍认为

① 原文如此。有研究显示，波斯都督府驻地位于今天伊朗境内。

那里的村民外表颇具异国风采——不同颜色的眼睛或高挺的鼻梁。

有时，仅凭姓氏就能看出中国人与西方血统的渊源，因为许多在中国定居的外国人很快就采用了中国名字来融入这里。其中一些“华贵的姓氏”包括：

安，来自布哈拉；

曹，来自劫布呾那；

何，来自屈霜你迦；

康，来自撒马尔罕；

米，来自片治肯特；

史，来自沙赫里萨布兹；

石，来自塔什干。

唐朝统治者已经不止一次考虑，停止介入西域是否符合他们的利益，干脆让西域自生自灭去。公元 7 世纪末，武则天最敢言直谏的大臣狄仁杰（即更为后人所熟知的神探狄仁杰）提议应减少在西部边境的损失。适逢一位突厥可汗在索要边境土地和赐礼，狄仁杰认为这只是索偿无度的开始。他指出，当前不得不忍受高昂的代价，维持边境以及极其漫长且不稳定的邮驿通信路线，而这一切都是为了什么？只为了守护有寥寥几口水井的大沙漠，遥远的边界反而与敌对的邻国更近。他斩钉截铁地谏言，干脆放弃西域，把中国的边境线回缩到敦煌，这样会好得多。由此，充满敌意的沙漠将转而有利于中国，迫使任何潜在的入侵者都将把时间和精力耗费在穿越一片“寸草不生”的地方。

然而，武则天拒绝听从他的谏言，她更愿意把中国的边界保持在几个世纪前班超所达到的最大范围。公元 8 世纪，唐朝进入鼎盛期，丝绸之路对中国的影响也达到顶峰。世纪之初，武则天的后辈搅起了王位争夺战，公元 710 年，她的孙子李隆基发动了一场宫廷政变，并于公元 712 年登基。唐玄宗在位时间最长，他 43 年的统治保持了唐朝的兴盛，延续了传统和既有制度。

在此期间，丝绸之路经历了一个黄金时代，至少在安全方面是这样。然而，具有讽刺意味的是，这实质上减少了沿着丝路货运的数量。在古代，为防范强盗，商队必须组成庞大的车队，骆驼数量可多达 600 匹，由一整队骑兵押运，但是唐朝在 7 世纪中期的和平给了商人们更大的信心。因此，从现存关于商队的史料来看，在设立安西四镇后，有些商队仅由几个人和几头驴组成。

在西域，唐朝与吐蕃以及新兴的穆斯林敌人发生了争执和冲突。在帕米尔高原之外，数十个天竺和阿富汗的诸侯国与唐朝建立了外交关系，这表明，至少对那些笔下轻纵的王朝编年史编撰者来说，这些诸侯国已经接受了作为中国附属国的地位。甚至连远在撒马尔罕的康国君王，在公元 631 年聆听了玄奘的一次讲经布道后，精神振奋，也急不可耐地给朝廷发出了请愿，请求大唐接纳其为附庸，却被朝廷一份安抚信函敷衍了事。在过去的一代人中，该地区当然是对中国很有好感的，尤其是卑路斯王子在失去家园后得到唐朝厚待，但中亚山区的部落人民和地方领袖并不一定认可自己隶属唐“帝国”。更有可能的情况是，他们只是应时因势而变，在强大的唐朝军队面前就向他们从未见过的皇帝致敬，而面对穆斯林或吐蕃军队时，他们效忠的对象自然就改变了。与此同时，唐朝军队维持军事存在也消耗了自身大量的资源。狄仁杰对武则天的谏言一语中的——唐朝向西域驻军代价高昂。都护府驻军并没有实现自给自足：当地人口缴纳的税赋仅够驻军总费用的 9%，历代唐朝皇帝被迫从自己的财库中拨付资金补贴军费，不得已时还须以丝绸为支付方式。截至公元 740 年前后，安西四镇每年的总支出要耗费朝廷 90 万卷丝绢。

一支主要由唐朝的突厥和波斯盟友组成的军队在西域的远端赢得了几次胜利，但在 751 年的怛罗斯战役中惨败，怛罗斯战役的发生地在今天的吉尔吉斯斯坦境内。这支“中国”军队由一名高句丽将军率领，兵员以边境地区的不同族裔为主。此次战败，既是因为敌方阿拉伯哈里发军队必胜的决心，也是因为唐朝军队衔级无序，几支下级部队临阵倒戈。

怛罗斯之战在当时并不被看作是中亚历史上的关键事件。事后看来，我们知道中国人并没有意愿在遥远的西域大加攻伐，此战只是一个相对较小的战役，双方都期待着下一场战事。我们还可看出，朝堂上的争执导致中国军队将要后撤到离国境更近的地方。怛罗斯战役是唐朝最后一次在边境以军事撤退来应对伊斯兰人。虽然阿拔斯王朝没有侵入中国疆土，但疏勒以西的疆域将在文化上逐步与中国分割开来。在此战之前，该地区的几代人一直在慢慢地接纳中国文化，倾向于和中国人保持交往。而今，随着中国的影响力逐渐向东方收缩，对当地的影响日益降低，该地区开始逐渐接纳穆斯林的理念、社会规范和文化。怛罗斯之战标志着中国在帕米尔高原以西势力的终结，也标志着伊斯兰教在该地区开始建立牢固的影响力。

据推测，这场战争把中国的造纸技术引入了伊斯兰世界，渐次改变了中东和欧洲。毫无疑问，在此次战役之前，一些纸质艺术品就已沿着丝绸之路传播开来，但可以确信，怛罗斯之战后，被俘的中国人把造纸技术传授给了阿拉伯人。木浆更易获得，用以取代来源稀少的纸莎草，木浆纸吸水性比昂贵的羊皮纸或犊皮纸好很多，可以获得更好的印刷效果，因此纸张才是真正具有变革潜力的介质。其影响使得学者乔纳森・M. 布鲁姆略带戏谑地提出疑问：我们宁可把这条贸易路线称作丝绸之路而非纸张之路，仅是因为丝绸本身富有传奇色彩和价值，但它充其量不过是一种商品，而纸张引发的革命，持续数个世纪改变了全世界，使知识本身变得可以复制，连普通人也能负担得起书本和知识了。

## 杨贵妃的悲剧

在都城长安，年迈的唐玄宗迷上了别的事情。编年史中有记载，久经沙场的玄宗越来越沉溺于享乐之中，尤其喜欢来自丝绸之路的战利品：葡萄酒，是波斯的葡萄移植到吐鲁番后酿成的；沙漠玫瑰，采摘下来后，花瓣撒在沐浴汤池中；恭顺的仆人为出浴的皇上披上丝质长袍……所有这些情景都可在长安城外的华清池见到。据说，唐玄宗就是在这里哀悼刚刚逝去的爱妃时，见到了杨玉环，故事就这样开始了。

杨玉环是中国历史上最美丽的女人之一。她出身名门望族，她的高祖在前朝曾经位高权重，但在唐初，却因身陷皇位党争被斩。杨玉环 16 岁时嫁给了皇子。但不久之后，唐玄宗便把她据为己有，对她宠爱有加，专门为她新设贵妃名号。杨贵妃与唐玄宗的“爱情故事”是西安一项重要的文化叙事遗产，中国的导游经常将他们比作罗密欧与朱丽叶，旅游文宣也总这么写。这个类比实在牵强，只能说明在中国，真实的浪漫爱情故事是多么苍白无力。杨贵妃在 20 岁出头就吸引了她公公的目光。当时唐玄宗已经 52 岁，他下定决心要占有杨玉环，勒令皇子放弃其妻，随即敕书杨玉环出家为女道士，以此方法掩人耳目，然后悄悄接她回宫，使之成为后宫新宠。

没有谁能把这个故事讲得特别正面。偶尔也有人试图加进去一些减轻罪责的情节：唐玄宗那时候为爱妃逝去郁郁寡欢——好像这位已故妃子的儿子不觉得悲伤似的，而他的妻子还要被皇上觊觎、霸占。整个“爱情故事”给人的印象是很荒谬的，简直有悖人伦。

这个故事的背后，体现的是盛唐早期的政治激斗。史册中记载的是将领和皇帝，偶尔有妻子、妾室或名人散列其间。经历了朝代更迭，依然能够兴旺发展的望族大户，确实少之又少。不管战场上发生了什么，无论隋唐、南齐和北魏的命运轨迹如何迁延，都有旁观者在等着看，谁会是新的统治者。只要你从未参与失败的叛乱，只要你缴足了税赋献金，愿意俯首称臣，你的家族就可能一直作为旁观者，见证一个个短命的朝代走马灯似的更迭，如果家族当中某个特别漂亮的女儿嫁给了皇子，或者某个特别上进的儿郎当上了御前大臣，这才会引起历史记录者注意，在史料中对这个家族记上一笔。

这些传承有序的家族往往与佛教或道教的寺庙有联系，为了避税，这些望族名义上把土地捐赠给佛寺道观。他们更与丝绸贸易有着密切的联系。由于桑树经过几十年才可完全长成，所以种植桑树林通常是免税的，有利于那些资本雄厚的家族，他们玩得起这场漫长的投资游戏，等待桑树成林。

杨贵妃获得唐玄宗青睐后，她也让她的亲戚们飞黄腾达了。姊妹们都很快地嫁入富贵之门，而且她的一位兄弟也娶了当朝公主。朝臣们难免私下议论纷纷，杨氏家族如此鸡犬升天，于情于理皆说不通，只不过是唐玄宗正处于现代读者所说的中年危机的痛苦之中，但他拥有天子威权，自然可以把他的幻想变成现实。

中国历史把杨贵妃描绘成了一个任性、反复无常的女子，恣意摆布大唐天子而不自知。有这样的故事：这位富家小姐派人去买她心爱的水果，却不知道此时已不合时令，她一声令下就会让几十个驿卒接力向南狂奔。杨贵妃和她的小伙伴们尽情享受冰镇乳品，全然不顾制造冷冻乳制品（利用地下储藏室的寒冷）会糜耗大量内帑人力，而百姓们却在忍饥挨饿。然而，中国历史总是轻视女性，只有极少数顺从到可笑地步的美德典范除外。这是因为中国编年史是由厌恶女性的人撰写的，这些编年史家自己也无一例外地在儒家历史文化中长大，历史教训告诫人们，要警惕美女的影响，历史上不乏美女为敌人所利用的例子。

巧合的是，杨贵妃的故事偏又与中国历史上另一位人物的故事交织在一起，这个人没有给她带来任何好处。她似乎与安禄山非常友好，安禄山其名掩盖了他的出身。安是“昭武九姓”之一，对应他继父的家乡粟特国——而他自己的出生地很可能在撒马尔罕附近。“禄山”很可能是突厥语名称“洛克山”的汉语译名。

年轻的安禄山曾是一个逃难者，为逃离突厥部落战乱来到中原，在唐玄宗的军队中谋到了差事。他善于利用自身驳杂的血统和早年颠沛流离的经历，最初是为军队的马贩子做牙郎。他曾时运不济，因偷羊被判死刑，但主审官员赦免了他。这位官员挺欣赏他逞强好胜的个性，他高大肥硕的身板让人印象颇深。

安禄山在部队被撤掉了头衔之后不久，又迅速获得晋升，在东北作战赢得了各方认可。他还展现出了极佳的逢迎能力，他能款待好每一位朝廷特使，为他们备足厚礼，让每一位返回朝廷的督查官都愿意为这位新上任的兵马使美言，而军队里级别比他高的军官，都不愿意花时间陪侍朝廷特使宴饮作乐，自然难获青睐。安禄山喜好美馔，当他被召到朝堂上拜见唐玄宗时，已经是传说中的胖子了。

唐玄宗有一次问他："此胡腹中何所有？其大乃尔！"

"唯有一片赤胆忠心。"安禄山这样应答——如果这个故事是真的，这个回答充分证明了他的个人魅力。

安禄山流传至今的传说，常常涉及他对宫廷礼仪的无知，但他总能使事情转圜到有利于自己的方向。有一次，他甚至厚颜无耻地先向杨贵妃鞠了一躬，然后才向唐玄宗行礼，他解释说，胡人都是先母而后父。玄宗欣然赞同了他的说法，还夸他这样做才更显得忠诚老实。

读了安禄山的故事，很难让人不喜欢他。即使是在中国古代典籍的迷雾遮掩下，也还是可以在历史记录中看到他发出的光芒。他热情奔放，无惧自嘲，在一众一本正经、愤世嫉俗的朝臣中，他显得毫无世故，无遮无拦。然而，他的从军记录表明，他幽默而尖锐的外交压迫政策也被运用到前线，却造成了不良结果。他为了展示自己的实力，数次挑起边境冲突，无意中引发了严重得多的报复行动，造成伤亡。他毁掉了唐玄宗的许多外交人脉，曾在一次宴请性格粗暴的部落头人时，把他们全部毒杀了——也许他是先发制人镇压了一场叛乱，但却让大唐的敌人信任尽失，敌意更甚。

在长安，安禄山和杨贵妃精心策划了一个恶作剧，胖乎乎的安禄山裹着尿布，像个巨大的婴儿。唐玄宗见此情此景，乐不可支，但人们都在疯传，说安禄山和杨贵妃之间亲密无忌正说明两人不清不楚。似乎是针对这种风评，玄宗特意赐给安禄山一块免死金牌，赐他可免受罪责，叛国罪除外。最后这个附加条件，事后看来极有先见之明。

唐玄宗已届六旬，他的孩子们可没有他对安禄山的好感。特别是皇太子，即后来的唐肃宗，自从这个胡将居然拒绝向他鞠躬，还说素不相识，他就对安禄山怀恨在心。朝堂上其他年轻人，都是顾命大臣的未来接班人，对安禄山也没好感。安禄山的魅力似乎只会展现给皇帝和贵妃，在朝廷他经常插科打诨，话题内容却主要是讥讽官位不高但崭露头角的青年才俊。

安史之乱持续了 13 年，夺去了数百万人的生命，唐朝也由此失去了对西域的宗主权。安禄山的军队占领了中国北方大部分地区，并且由于大量俘虏变节接受他的指挥，军队规模进一步发展壮大，反叛大军迅即进犯长安。皇帝带着他的朝廷内眷出逃，但很快发现将士都已厌倦听从杨贵妃家族的颐指气使，不排除某些军人听信了安禄山的蛊惑。在马嵬坡驿站，士兵们不愿意再跟随杨贵妃前行。

唐玄宗此时的统治范围，已经缩小到了眼前这些人，面对路旁小酒馆里的这一小群愤愤不平的士兵，年迈的唐玄宗同意了他们最无情的请求。杨贵妃被数匹马拖拽勒死①。她的兄弟也被赐死。唐玄宗到达相对安全的四川后，把皇位让给了儿子唐肃宗。很快，唐肃宗就调集所有驻扎西域的军队返回中原，试图夺回中央控制权。

安禄山想当皇帝的企图很快就败在了亲信手中，仆从用匕首刺死了他。在来自大草原的回纥雇佣兵的帮助下，唐肃宗最终收复了长安。在连续几年农业生产难以正常维持、社会动荡和持续的饥荒之后，唐肃宗依靠回纥放债者大笔资金的支持重新稳固了权力。随着众多异族人士在中国遭到报复，大唐的民族大熔炉开始变味了。像安禄山这样的“昭武

① 史书记载，杨贵妃最后被赐一条白绫，被缢死于马嵬坡佛堂前的梨树之下。

九姓”感受到了危险，许多安禄山的同族都改名换姓了。不愿意改姓的就得承受被伤害甚至被屠戮的风险。一位驻军幽州的著名将领宣布，谁能杀死“胡人”就可获得奖励，誓言消灭安禄山在中国北方的所有同族余孽，具有讽刺意味的是，这个将领自己就是外国人。

与此同时，在中国军队撤出后不久，安西四镇很快就落入吐蕃之手。此时佛教已在中原失宠，具有讽刺意味的是，吐蕃的到来使安西四镇的佛教殿堂庙宇得到了保护。

唐朝命运仍然多舛，唐武宗在与回纥人的一场战争后耗尽了公帑，于公元 843 年开始颁布数道指令，旨在从不受欢迎的异域宗教手中夺回资源。佛教的财产急剧减少，每个划定地区只可有一个寺庙，僧侣只许留 20 名。类似的禁令也禁止了景教及其他外国宗教，旨在根除此类“长期存在的瘟疫”。唐武宗认定这种瘟疫有可能“扰乱中土习俗”。更重要的是，他觉得僧侣榨取了善良农民的劳动成果，侵占了国家的臣民、士兵、农民和纳税人等的利益。传道者和僧侣被勒令还俗，而他们的财富则被收归国有。寺庙钱物充公，拆除寺庙所获金属和木材另作他用。值得注意的是，在唐武宗灭佛敕令中没有提及伊斯兰教，这似乎是因为晚唐时期中国的穆斯林非常低调自制，也没有试图公开去改变他人的宗教信仰。

唐武宗三年后就去世了，可能是他为求长生不老而大量服用“中国”道家丹药的结果。尽管佛教很快得以恢复，但对规模较小、更为脆弱的其他宗教来说，很难在这种破坏之后得以恢复。

后来的唐朝皇帝努力维持对国家的控制，采取的措施却只是把越来越多的控制权让渡给各边疆地区的军阀。正如中国历史上早已有之的情形，地方军阀越来越强大，中央的权力也越来越弱。在不到一百年的时间里，军阀们先是自封为公爵，进而又自封为亲王，不久就有几个人欲做新的皇帝。中国唐代瓦解而成了“五代十国”，中国中世纪的鼎盛时期结束了。

尽管中国国力逐渐衰落，但中国与西方的联系却更加紧密，晚唐的历代皇帝越来越依赖于西域新势力的友谊和支持。突厥人的影响力已经消退，取而代之的是回纥人。回纥人是草原上最富有的游牧民族，很快就被中国编年史家普遍赞同为高度“文明”的民族。回纥人可能仍然是野蛮人，但他们选定一地并建立起了首都，迎娶了多位唐朝公主，并屡次在中原核心地带为朝廷提供了急需的军事支持。回纥人曾经是中国北部边境一个大草原帝国的统治者，势力范围一直延伸到突厥斯坦的绿洲，他们在那里与粟特人开展贸易活动。随着回纥帝国的灭亡，许多回纥人逃往西南的塔里木盆地，定居在吐鲁番附近，进一步增加了丝绸之路的民族多样性。

# 第五章

# 维吾尔人和蒙古人

（公元 907—1408 年）

在远离丝绸之路的中国城市杭州，立着一座雕像，主人公是一位蓄着胡须的白人男子。他穿着一件此地不常见的长袍，颇似古罗马长袍，头上戴着一顶压扁的帽子，有点像头巾。他显然是欧洲人，手持一本厚重的老式书籍，就像一本皮面相册，右手挥舞着一支羽毛笔。他似乎在说到一半时就僵住了，好像在跟路人大谈特谈，他的重心转移到了左脚上，显得不是那么自在，他好似在坚持某个模糊的事实，不过连他自己都没什么把握。

他是马可·波罗（1254—1324），人们之所以在此地为他竖立雕像，是因为他经历了一系列离奇的时局动荡——中国北方落入野蛮人之手，临安成了南宋都城。蒙古人征服了整个中国，也征服了整个丝绸之路，造就了人类历史上最出人意料的多种族多民族融合的一段时期。中国军队兵临布达佩斯城下。穆斯林航海者起航前往日本。意大利人马可·波罗在中国的一座城市居然变成了元朝的官吏。在他返回家乡后，许多人根本就不相信他的所见所闻。

随着唐朝在公元907年灭亡，丝绸之路的土地落入了新的主宰者手中。在新疆西部，突厥民族中的“喀喇汗人”统治着喀什噶尔周围的地区，他们的两大分支分别是“狮子”汗和“公驼”汗，这两大分支曾在一些历史时期关系对立。在语言和种族关系上，喀喇汗人与中亚紧密相连，而非中国。他们深受日益流行的伊斯兰教影响。据传说，在“公驼”汗有一位名叫萨图克的王子，他注意到阿拉伯商人们每天有好几次停止一切活动去做祈祷，表现得极为虔诚。他被宣礼吏唱诵的宗教魅力所吸引，便买了一本《古兰经》，很快就认定自己找到了唯一真正的宗教。另一个更通俗的版本是萨图克外出打猎，遇到一只会变身的兔子，它告诉萨图克，安拉才是唯一真主。兔子变成了一个有胡子的牧师，他让萨图克讲述了一系列佛教故事，其中有关于在地狱里将要遭受的各种折磨，然后他温和地暗示，伊斯兰教将保证萨图克在天堂永生。

不管萨图克之前的信仰是什么，他在公元 930 年前后皈依了伊斯兰教。他的父亲不赞成他选择这个域外的宗教，便命令他建造一座庙宇，以驳斥有关他皈伊斯兰教的谣言。萨图克在他的伊玛目的建议下，开始建造一座“寺庙”，他的真实意图是建成后把它变成一座清真寺。然而，他完全不必担心，因为他的穆斯林盟友帮他找到了一个弑父的借口，随即拥立他为可汗。

势力范围一度囿于喀什噶尔地区的喀喇汗王国，在转变为一个伊斯兰国家后，势力版图逐步扩展到了南部沙漠区域直到于阗，最终在公元 11 世纪早期吞并了这个出产玉石的山腰小镇。据公驼汗充满自豪情感的历史记载，萨图克“用他的利剑将异教徒转变为伊斯兰教徒，并确立了真主的使者神圣穆罕默德的法律和宗教”。他们还向西出动军队，穿过喀什噶尔山口，袭击并推翻了当地的波斯人，夺取了他们的首都布哈拉。曾经有一段时期，喀喇汗王国覆盖了新疆西部的一半区域，一路越过山脉一直延伸到咸海，把伊斯兰教带到了远至今天乌兹别克斯坦和阿富汗的区域。

萨图克死于公元955年，但他皈依伊斯兰教造成的影响仍在整个地区持续散播开来。根据当地的历史记录，在他去世五年后，大约有“二十万顶突厥人的帐篷”，即二十万个家庭的人口，跟随他皈依了伊斯兰教，这表明整个地区至少在名义上接受了伊斯兰教信仰。

喀喇汗王国一直存续到13世纪，连绵的山脉将其疆域分隔开来，西部疆域越来越接近突厥或波斯，而在新疆的东部疆域则很快重新并入了中国。它曾经的疆域在今天分属于数个国家。但是，喀喇汗王国通过把伊斯兰教引入新疆，改变了整个地区的文化和精神基础，特别是以新的“外国”宗教挑战了佛教的地位。尽管佛教最初也是从其他地方传入的，但现在被广泛认为是“中国的”。

现代中国的穆斯林人数仍有争议，估计占总人口的1%至2%。大多数报告显示，这个数字接近两千万，主要集中在西部地区，尤其是新疆，但全国各地都有穆斯林定居。在旅游线路上，穆斯林最集中的地方应是今天的西安，市中心热闹的“回民街”是游客必选的目的地。在中国其他地方的伊斯兰社区，即便是在西安城内的其他地方，对外人来说都不那么显眼，能引起人们注意的，是偶尔出现的洋葱形拱门或突厥语标志，或是餐馆里展示的“清真”标牌，以表明他们提供清真食品。然而，这些都可以以某种形式追溯到萨图克·布格拉汗在喀什噶尔附近与伊斯兰教宿命般的偶遇。

就像早期基督教在信仰异教的欧洲传播时所发生的皈依故事一样，我们可能会对宗教信仰传播的速度和容易程度吹毛求疵。除非是受到某种激励，否则要让整个区域的人自愿地接受外国宗教基本没有可能——萨图克在自己的传记中威胁要杀死那些没有皈依的人，这在某种程度上反映了事实真相。但如前所述，伊斯兰教和基督教聂斯托利教派（即大秦景教）的宗教仪轨有一定的相似之处，也有迹象表明那时有一个新的先知，作为耶稣的继承者，他没能带来惊天动地的启示，难以说服沙漠中的诸多有信仰的人士。早已在此传播的佛教强调来世的苦难，而新来的伊斯兰教却要引导信徒对天堂的关注，这在当地许多族群中难以形成说服力。

## 巴而术投诚蒙古

喀什噶尔地区的喀喇汗王国皈依伊斯兰信仰引发了一系列的变化，其后数百年间，伊斯兰教在该地区传播并不断扩大影响，喀喇汗人在新疆西部崛起的同时，新疆东部的另一个族群也在崛起，而且后来也接受了伊斯兰教。然而，在唐朝灭亡的时候，新疆东部的统治者和他们所取代的中原人士一样，都不是穆斯林。

“维吾尔”这个名字也是一个难以准确把握的历时性术语，是丝绸之路研究的一大难点。这个词很可能源于最初的uyughur（意为“联合”），指的是来自贝加尔湖周围地区各分散部落共同接受的身份名称，后来适用于所有居住在回纥汗国辽阔疆域内的人。这个名字在数百年间一直未再使用，后来被俄罗斯民族学家重新拾起，他们试图给新疆地区的人们贴上非游牧民族的标签，认为这里的人们是定居型的。后来，这个名字为中国人所利用，并用以指代整个新疆地区，即今天的新疆维吾尔自治区。现代汉语也容易混淆维吾尔族和回族这两个词，回族通常用来指“穆斯林”。虽然今天大多数维吾尔族人是穆斯林，但在中世纪时期肯定不是这样，那时他们大多数是佛教徒和摩尼教教徒。

与“西藏”一样，“维吾尔”也是现代中国的一部分，两者在历史上的帝国，其势力和规模之大远非今日可比。“维吾尔”这个概念所涉疆域，被时不时宣扬吐蕃帝国的“民族主义者”视为自己曾经的领土，他们在与维吾尔人的争论中做出了这般暗示。这导致了一个高度政治化的争论：谁才是新疆的“原始”居民？双方最简单的话语都承载着极广泛的内涵，考古学家们试图解开该地区在历史上所发生的错综复杂的迁延变化，可考古发现中令人不快的事实却表明双方都错了。

更让人难以厘清历史脉络的，是在中国中世纪的鼎盛时期，有过几波维吾尔族迁徙者。一些人搬到南方，完全融入了中国。一个规模较小的维吾尔族分支在甘肃繁荣发展了一个世纪左右，后被西夏部落以残酷手段征服。然而，最成功的维吾尔人以回鹘之名统治新疆地区达几个世纪之久，其后他们又作为新主宰者的代理人，在更长的一段时间里统治着新疆。

定居在丝绸之路上的回鹘人要逃离一个更强大的群体——柯尔克孜族。波斯编年史较客观地报道了柯尔克孜族人的到来，以及他们对回鹘人的粗暴处置，回鹘人被驱逐出了他们最初在鄂尔浑河流域的定居点，向南，一直向南，越过高高的山脉，直到躲进了恶名远播的塔克拉玛干沙漠。

然而，当柯尔克孜族占领了草原的同时，至少有一群逃亡的回鹘人发现他们来到了一片新天地，这里虽然酷热严寒交替，但大漠深处仍大有可为。他们在 9 世纪晚期落脚在高昌（今吐鲁番盆地内）——这座古城的废墟至今仍能见到，距离现代城市大约 30 公里。和之前来到这里的许多人一样，他们发现这儿是沙漠中的天堂，具备产出农业财富的坚实基础。谁控制了吐鲁番盆地1000平方公里的可耕地，谁就能驾驭周边地区的政治，高昌回鹘人在丝绸之路上向着东西两向扩张，东扩至哈密，西扩至龟兹。

这个以佛教信仰为主的王国持续了几个世纪，为附近千佛洞新造像的建设提供了支持，同时也接纳了许多波斯人融入王国之中。这里还盛行摩尼教和叙利亚基督教派，在20世纪已证实的发现是：吐鲁番的基督教图书馆，包含大约945份手稿，所使用的语言有突厥语、波斯语、叙利亚语和粟特语，还包括《旧约》和《新约》的片段、圣徒的生活传记（尤其是圣乔治，他很受突厥人的喜爱），还有一份基督徒和犹太人之间思辨性对话的记录。现存文本的性质表明，吐鲁番的外来人士与美索不达米亚（即聂斯托利派基督教的发源地）之间有着密切的联系。

在回鹘人到来之前，高昌曾是中国的领地，而这个新王国的社会治理似乎在很大程度上借鉴了中国模式。从不多的历史依据来看，在伊斯兰教到来之前，高昌的回鹘人在很大程度上复制或借鉴了中国法律，既可能是他们自己直接这样做，也可能是通过雇用中国文员抄录而来。

回鹘人在丝绸之路的历史上有着巨大的影响力，即便在他们的帝国消失之后也是如此。由于中国仍处在唐朝灭亡后的五代十国乱局当中，新疆地区与西辽（也被称为黑契丹）有了接触。辽朝曾短暂统治过中国北部，后被更强大的对手赶走。在公元1130年，高昌回鹘人没有选择与西辽作战，而是直接接受了他们的统治，这意味着一切如常，只是偶尔会受到常驻在此的辽朝监国官的训诫。

与其他征服者不同，黑契丹缺乏在其臣属领土上建立驻军的意愿和人力。仅有一位官员负责税务和地方治理，而当地人则继续过着自己的日子，只有在发生叛乱时，军队才会赶到这里。回鹘人很快就对他们所谓的统治者产生了影响，特别是因为回鹘知识分子承担着教学任务，要教会诸多统治精英读书写字。

在长达一个世纪的时期里，黑契丹成功地维持了对新疆不那么稳定的控制，直到内忧外患使这个帝国最终走向崩溃。公元1209年，吐鲁番当地的统治者巴而术·阿而忒·的斤以闪电般的速度攻击黑契丹人，杀死了辽朝监国，据不同的史料记载，有说他把这位监国的头颅扔出了窗外，也有说他推倒了一座石塔，把监国压在了废墟之下。巴而术意识到黑契丹大势已去，于是直接投靠了草原上崛起的新兴势力，这是一个由铁木真，即成吉思汗领导的蒙古部落。

巴而术投诚蒙古人的原因只是源于猜测。这样做自有其后果——巴而术必须给蒙古人遣送人质，以换取对方的诚意，他还得缴纳什一税和贡品，并贡献出畏兀儿十分之一的匠人和奴隶。但他向大势已去的黑契丹人缴纳过类似的费用，知道必须顺应形势而变。

巴而术把自己的全部领土都献给了成吉思汗，成就了蒙古人第一次不流血的征服。他的投诚将畏兀儿人推到了新成立的蒙古政府的高层，成为新政权最高级别的官员。畏兀儿人拥有超过一个世纪的中国式的治理架构，很多人具备读和写的能力，有通晓西域各个种族语言的专门人才。来自吐鲁番的畏兀儿人在蒙古疆域内担当“志愿者”，没有遭受过被征服或战败的耻辱。巴而术甚至娶了成吉思汗的一个女儿为妻，并获得了成吉思汗“第五子”的尊称。

巴而术的疆土在很大程度上避免了与恐惧的接触——因为他们没有与蒙古部落发生战争，而且在相对自治的情况下繁荣起来，就像池塘中央的平静，涟漪都是向外传递的，亚洲其他地区则因蒙古征服者的不断推进而陷入混乱。

蒙古人的到来对其所触及的大部分地区来说都是一场灾难——灾难性的烧杀掳掠，摧毁周边地区的所有贸易。然而，这样的贸易很快就得以恢复，尤其是因为蒙古人自己很快就对奢侈品产生了兴趣，并希望通过购买高品质的商品来把他们掠夺的财富花个干净。成吉思汗在谈及他的副手、妻子、情妇和女儿时说："我一心想的是……让他们嘴里含着糖仁，感受着快乐与慈爱，全身上下都穿着浮花织锦的金色华服，乘着稳当迅捷的坐骑，喝着琼浆玉液，让他们的牛群都享有青翠的牧场。"蒙古人的征战使丝绸之路转而向北，丝路由此不再是一条水平的东西走向的路线，而是从波斯和中国向大草原的北端延伸。

在禁止饮酒的伊斯兰世界，中国的茶叶和饮茶的瓷器作为新的出口商品广受欢迎。在唐代兴起的三彩器皿，在蒙古人统治的时代大量地销售给了阿拉伯商人，这可能是因为贫困的中国家庭想换取些现钱。在蒙古人征服波斯后不久，中国瓷器从中国南部海港运出，经由阿拉伯海航线，运抵波斯，在中世纪晚期，叙利亚和塞浦路斯的陶工开始仿制中国瓷器。

香料和奢侈品卖到了蒙古的中心地带，那里完全不懂行情的牧民们用一大把掳掠来的赃物换取它们，没有谁能真正确定行市价格。一些工匠和手艺人，连同他们的家人一起被掳掠随军队前行，幸免于蒙古人的屠杀，他们在丝绸之路沿线的战略要地上重新定居下来。

虽然很难确定蒙古统治时期的时尚或设计特点，但蒙古帝国长达一个世纪的统治，凸显了覆盖地域广泛的混合风格和多元理念，中国陶瓷工匠在波斯落脚安家，波斯织工给东方带来了在丝绸中添加金线的工艺，让中国丝绸服装的袖口和衣领金光熠熠。成吉思汗小时候，家里只有几口铁锅和一对可堪使用的马镫。现在，他像是中了彩票的百万富翁，肆意挥洒金钱享受奢侈品，有例为证，他下令给他的全体随从都穿上织入金线的锦缎华服。

在蒙古征战的某一时刻，某位粗野的新贵族抢到了一个做工繁缛的礼物——一件有丝绸衬里的毛皮大衣。然而，也许是运气使然或判断有误，抑或是由于直率和粗鄙的无知，他把大衣里子朝外地穿上了，外面是金光闪闪的金锦纳石失，里面是毛皮。这种新时尚随即就流行起来了（好吧，谁又能说他错了呢？），今天在中国西部的不少地方，仍可在传统的民族服装中看到这样的着装方式。

历史铭记着“蒙古人”的征服，因为在接下来的一个世纪里，他们将把成吉思汗的子孙带到欧亚大陆各地，东达日本海岸，西至布达佩斯的城墙之下。历史还铭记着，伟大的蒙古帝国曾短暂地把这些疆域统一在一位统治者之下。影视艺术所表现的伟大的战斗、遮天蔽日的箭雨和血淋淋的围攻，那些仅仅是蒙古人征战世界过程中关于前线的残酷描述。骑士们战斗继而战死，但帝国中的管理者、抄写员、教师和官员都是从骑士们征服的各个国土上招募来的。畏兀儿人作为第一个也是最惬意的文明，搭上了蒙古这辆顺风车，在蒙古管理层中获得了永久的高级地位。在接下来的一百年里，他们将成为整个帝国的中层管理者，地位仅次于蒙古人，而蒙古人将很快分散到辽阔疆域的各个地方。

畏兀儿人也很可能成为“蒙古”军队的一部分，他们进军到丝绸之路的各地。在喀喇汗人打压穆斯林之后不久，蒙古军队赶到了喀什噶尔，并迅速降服了当地各个部落，尽管于阗的喀喇汗人坚持抵抗，最终还是被蒙古人以其典型方式歼灭。最后一批喀喇汗人翻山越岭逃亡了，从某种意义上说，新疆变成了一个畏兀儿族的省份，隐立于蒙古人的旗帜之下。

巴而术本人当上了蒙古军队的将军，率领一支一万人的部队翻山越岭进入中亚，并在“蒙古人”征服中亚的过程中发挥了关键作用。他作为参战的将领之一，残酷地消灭了附近的西夏王国。在后来的史料中，关于西夏灭亡的故事已经变得模糊不清了，据说成吉思汗死于西夏，有的说法是成吉思汗在攻城之战时病逝，另一说法是根据后来蒙古人的叙述，他试图强奸西夏王妃，却受到致命的伤害。因此，其后西夏王国的灭亡往往被认为是蒙古人的报复，尽管对“蒙古”军队中的重要组成部分——畏兀儿人来说，这更像是借刀杀人式的报复，因为西夏两个世纪前曾迫害过回鹘。在蒙古扩张的历史记录中，畏兀儿族复仇的说法在历史记录中仅是一笔带过，复仇的结果几近种族灭绝，只留下不到百分之一的西夏人，且都成了奴隶。

成吉思汗死前不久，他的疆域分给了他的儿子们。对新疆来说，不幸的是，两个继承人之间的分界线正好穿过新疆的中部，东部的吐鲁番和南部的于阗归属中国的可汗，而西部的喀什噶尔则划归中亚的可汗。蒙古人承袭了黑契丹的做法，每个省份都享有自治权，由代表遥远可汗的“驻地”督官（也叫达鲁花赤）监督。随着分而治之制度的确立，许多受过教育的畏兀儿官员被派往东方，在中国北部新占领的领土上担任达鲁花赤，而畏兀儿的家园则落入来自中亚山区穆斯林达鲁花赤的统治之下。

## 马可·波罗

成吉思汗没能活到征服中国的那一天，但他的孙子忽必烈在公元 1271 年昭告天下，登基成为中国的新皇帝，西域的官员都前来拜贺。此时登基是有一些超前意识的，因为五年之后，忽必烈麾下由多个民族构成的军队，才终于击溃了中国南方的最后一支敌军。元朝也把已在丝绸之路上实施了一代人的蒙古治理方式，强制推行到了中国其他地区。

如果说唐朝标志着丝绸之路的繁荣和物质文化的鼎盛时期，那么由可汗忽必烈建立的元朝则达到了丝绸之路政治影响力的巅峰。在短短一个世纪里，在与世隔绝的中国体系之中，人们沉湎于自己的文化与文字，难以与时俱进，而该体系最终被一个军事大国瓦解。中国此前数百年一直统治着丝绸之路，但现在丝绸之路统治了中国。

畏兀儿和其他西域民族被蒙古人征服的时间，比中原人早了整整一代，所以他们更充分地融入了蒙古体制之中，并很快获任元朝地位较高的官级。中原人轻蔑地称他们为“留胡子的人”，尽管官方对他们的称呼是“色目人”——字面意思是“各色名目之人”。该称呼颇为巧合的双重含义也形成了另一个流行的说法，即“有色眼睛之人”。一位穆斯林被任命为云南行省丞相。畏兀儿族稽考财赋的官员和行政官员被派往各地工作，最远的被派到了东部沿海。在长江三角洲城市杭州，负责寺庙修复工作的是一位藏族官员。在这些长着有色眼睛的人当中，最有名的是马可·波罗，他是扬州的一个小官吏，也曾来杭州游玩，这里让他大开眼界。极少有人的行迹能踏遍丝路全程，他被认为是其中的一位。

蒙古大军的征战一度中断了战端前沿的贸易，但战争结束后，却形成了前所未有的和平状态。在灭掉西夏王朝之后，蒙古人的暴行也压制了丝路各地的敌意，军事力量迅速扫除了各路匪徒强盗。于阗之类的城市为抵抗蒙古人付出了可怕的生命代价，而像吐鲁番这样迅速接受蒙古统治的城市，14 世纪的到来将为其迎来巨大的贸易机会。

威尼斯的马可·波罗家族希望把握这一时机，随即开启了他们享誉后世的东方之旅。马可·波罗随他父亲和叔叔离开威尼斯时只有 17 岁，当他们迈进可汗忽必烈的皇宫时，他才 20 岁出头。他父亲和叔叔不仅希望获得贸易方面的收益，还希望充分利用思想的力量获取利益，最初的计划是让一些基督教传教士到宫廷上开展辩论并传教，因为他们听闻忽必烈对各种宗教兼容并蓄。但是他们的传教士同伴未能完成旅程，也没能带来几本忽必烈一直希望读到的圣书，最终，除了在宫廷里做一点服务工作以外，他们实在没有什么可以拿出手的。后世对马可·波罗父亲和叔叔的活动知之甚少，但他自己似乎加入了政府官员的行列，在中国某地做了个小官吏。

当然，我们了解这些，是因为他活着回到了欧洲，把他的经历写进《马可·波罗游记》中，该著作后来成为记录远东地区最重要的中世纪文献之一。马可·波罗似乎刻意运用冷峻的笔触描绘沿途城镇——原因很可能在于他的合作者鲁斯提契洛，这位民谣歌者、曾经的十字军东征战士，在游记中添油加醋，掺杂了很多荒诞的故事，这些内容难免让《马可·波罗游记》为世人所嘲笑。

马可·波罗的著作享誉世界的贡献是关于中国的记录，尽管可以说他对中国文明所闻所见有限，知之甚少，他在中国的大部分经历都是作为元朝的小吏或办事员。他本人似乎从未学过中文，因为他和同事们的通用语是波斯语。而华南[①]地区几十年来一直处于戒严令之下，当地居民小心翼翼地把女儿锁在闺房之中，绝不会让那些掠夺成性的人窥见。马可·波罗满怀深情地谈及他遇到的妓女，却也抱怨从未与中国女性有过露水情缘。他与中国人的交往看起来非常有限，似乎连缠足、筷子或茶叶都未曾注意过，在本该记录详尽的回忆录中有着好几处疏漏，足以让历史学家吴芳思[②]写成了一本颇具挑衅性的著作《马可·波罗到过中国吗？》。

然而，他所专注的是旅程，而非终点，这意味着他大

① 原文信息如此。

② 吴芳思，Frances Wood（1948—），英国汉学家、历史学家。

部分的叙述是在丝路上的经历，他记录下了亲眼所见的新疆。在穿过据他认为是“世界极高点”的大山隘口后，他抵达了新疆，并记录下了卡斯卡尔（喀什噶尔），他相信这里曾经是一个王国，尽管当时是在大汗忽必烈的统治下。马可·波罗接着描述了两座城市雅尔坎（雅尔宥[①]）和克坦（于阗），基于在这两地的所见所闻，他坚信新疆西部是穆斯林聚居地区。他还记录了一些贫困地区的社会现实，在曾经反抗蒙古而受到惩罚的地区，贫困状况尤为明显。

马可·波罗把游记中的新疆城镇和绿洲，统称为尤谷尔斯坦（畏兀儿斯坦），表明他走过的是新疆南部路线。最南端是若羌，转而向北之前，他经过了一个叫罗布的小镇，由此出发穿过沙漠，他行经的是穿越沙漠最短的路径，沿着塔里木河的季节性河道前行。

马可·波罗也发现沙漠令人生畏，阵阵强风和发出擂鼓声的飞沙，可能会导致旅行者在寒冷的沙漠之夜迷失方向。

> 当旅人在夜里赶路时，其中一个有可能会落在后面或睡着了，诸如此类……他会听到幽灵在说话，并

① 雅尔宥，元朝地名，今莎车。

以为他们是他的同伴。有时，灵魂会叫他的名字；这样，旅人常被引入歧途，再也找不到他的同伴。许多人就这样丢了性命。即使在白天，人们也能听到这些幽灵在说话。有时你会听到各种乐器的声音，尤其是频频传来的鼓声。

在沙漠的北侧，马可·波罗在卡拉－乔科停了下来，他试图写下来的这个名字，当地畏兀儿人念作喀拉霍加，这是他们都城的名字，从这里向南步行一天即可到达吐鲁番。他抱怨喀拉霍加冬天的酷寒——当然不知道这里夏天也会酷热难耐。他在书中对这个和平的畏兀儿都城大加赞赏，评价其为宗教融合之地，这里的穆斯林“撒拉逊人”生活在中国的“偶像崇拜者”（即佛教徒）和基督徒中间，后两者彼此通婚，也是远近皆知的事实。

他还评论了当地“很好的葡萄酒”，他应该在那里品尝过，而且在元朝宫廷也有这类带有异域情调的饮品。虽然马可·波罗没有提到这一点，但在元代林林总总的丝路商品中，葡萄酒被证明是最具破坏性的商品之一，主要原因是蒙古人完全不懂喝葡萄酒的门道，逮着多少就喝多少。

这些丝路游牧民族的后裔喜欢喝酸马奶，这是一种温和的酒精饮料，尝起来像液态的、带了些气泡的酸奶。奶品发酵没什么可奇怪的，恰恰是源于身体的需要，因为成年蒙古人不耐受乳糖，不能消化生奶——黄油、奶酪和酸马奶则是借由分解乳糖的细菌制成。许多家庭没有可直接取水的水井，酸马奶通常是他们的主要饮料，性质温和而且没有杂质，孩子们也可以喝。酸马奶的酒精含量一般不超过百分之一；对蒙古牧民而言，在草原上辛苦劳作一天之后，他们需要尽情地痛饮一番。蒙古人征服世界各地之后，这个游牧民族接触到了浓烈得多的酿造酒类，包括波斯葡萄酒和中国白酒，但他们似乎仍然大喝特喝，没觉得它们和低酒精含量的马奶酒有何区别。

平头百姓的人生结局往往不会记录在历史文献中，但是我们可以从文献中了解到各位蒙古可汗的一些情况。史料中列出了一系列所谓的遭受诅咒、疾病和中毒事例，那个时期的历史记录者就怀疑，酗酒就是这一切的肇事元凶，这些举世皆知的亚洲征服者毫无节制地把酒言欢，无休无止地沉溺于斯。大汗窝阔台死时虚弱无力，语无伦次，据说他的身体正陷入“与大地和水域的鬼魅交战当中”；他的兄弟拖雷试图投入这场鬼魅之战来拯救窝阔台，他随即摆起仪式，用酒把自己灌入了昏迷状态。拖雷的儿子，著名的忽必烈汗，

30 多岁时就患有痛风症。

到了忽必烈的暮年，我们不需要研读字里行间就可清楚地看到这一事实。编年史家拉施都丁忠实地写下了忽必烈的孙子、皇位继承人铁穆耳“酷爱饮酒”，即便是在家人的严厉管教之下，他还是毫无节制地狂饮不止。有关推崇铁穆耳的历史记载，颇为狡黠地展现了他的嗜好，为了绕过饮酒禁令，他下令把浴缸充满酒；他为自己特制了大号酒樽，两倍于普通酒樽的容量，如此史官就可如实记录：他仅饮一半而已。但是拉施都丁以此方式记录铁穆耳，在今天看来，内容毫无疑义，同时又带着悲剧性的熟悉感——一个是纵容作假、狡诈的酒鬼，另一个是帮助作伪的亲信。唯一听起来不真实的，是那个皆大欢喜的结局——写于元成宗铁穆耳在位期间，拉施都丁在书中满怀希望地声称，皇太子在继承祖父皇位后就已戒酒了。

## 穆斯林

元朝仅存续了不足一个世纪，复兴的中原人推翻了蒙古霸主，把他们赶回了草原腹地。在蒙古主政相当长的一段时期内，新疆与中原的联系中断了，反而是与北方的霸主联系紧密，特别是与海都汗，这位蒙古王子是 13 世纪末期该地区的实际统治者，忽必烈几次试图从其手中夺回控制权，但皆未如愿。

随着元朝势力的衰落，新疆再次意识到，自身处于几大敌对势力角逐的交界地带。伴随着蒙古政权的瓦解，宗教信仰的分野随之产生，南部和西部的许多蒙古人转而信奉伊斯兰教，与当地人民建立了新的联系，却与其他汗国的亲戚们生出了嫌隙。

成吉思汗次子的后裔秃黑鲁·帖木儿（1329—1363）就是这样一位，在一次普通的狩猎途中，一场邂逅就让秃黑鲁传奇般地皈依了伊斯兰教。这次邂逅的不是会说话的兔子，而是一位波斯布道者。当秃黑鲁唤他为狗的时候，布道者耸了耸肩说，没有唯一真正信仰的人都是狗。据说这给年轻的秃黑鲁·帖木儿留下了深刻的印象，他承诺有朝一日成为可汗后，就会皈依伊斯兰教。

这位布道者是哲马鲁丁长老，他会施展法术，也是穆斯林信仰的传道者。传说，新疆某小镇的当地人没有给予他应有的尊重，他作法引来了吞噬一切的沙暴。唯一的幸存者是小镇的宣礼员，其职责是在宣礼塔上召集穆斯林祈祷，灾难来临时他躲在塔顶，当沙暴过去后，他发现沙砾已掩埋了整个城镇。

当秃黑鲁·帖木儿成为可汗时，哲马鲁丁长老早已去世，但其子额什丁受父之托来提醒可汗不要忘记自己的誓言。一天早晨，他偷偷溜到秃黑鲁·帖木儿的帐篷外高声唤拜。秃黑鲁·帖木儿终于记起了承诺，宣布他不仅接受而且皈依伊斯兰教，还要求所有的亲王贵胄也须照做，违者以死论处。只有一位亲王不接受，按照此地的老规矩，亲王派出了手下的摔跤冠军，却被看起来弱不禁风的额什丁击败，亲王很快就改弦更张，皈依伊斯兰教。

民间故事里可汗循启示而开悟，王子亲王因魔法而皈依，掩盖了中下层社会平淡无奇的皈依。尽管我们对秃黑鲁·帖木儿皈依伊斯兰教故事的真实性持保留意见，但他和部落中的许多人在 14 世纪确实都接受了伊斯兰教，无疑还带动了他们的许多下属皈依。新疆和中亚的“蒙古人”逐渐转变为信仰伊斯兰教的“莫卧儿人”，除了佛教中心地带吐鲁番及其周围区域，几乎整个新疆都已穆斯林化。尽管许多莫卧儿人源于游牧民族，但到了这个时代大变革的末期，他们已经转变成为城市定居者。然而，他们仍怀念草原传统，这种怀念常表现在伊斯兰这个新信仰的礼拜习惯中，许多人选择在徒具象征意义的丝绸帐篷中享受闲暇时光。由于伊斯兰教通常禁止使用人类形象，人们喜欢伊斯兰图案和符号，起初是用在地毯上，地毯铺满地板之后，这些图案纹饰又用在了挂毯上，占据了立面空间。受传统影响，露营必备的可移动式地面装饰物逐渐成为城市家装的一种新时尚。地毯成了中亚家庭的必备品，那时又不准许男性穿着丝绸服装，所以织工们找到了一个新商机——编织地毯。地毯是极重要的装饰品，在穆斯林礼拜中也不可或缺，在整个历史时期都是如此，其重要性，即便在伊斯兰经济拮据时期也从未改变。

不久，天山以北的东察合台汗国的埃米尔·帖木儿向“中国人”发动了圣战。东察合台汗国与新建立的明朝的边境接壤，让人感觉后患无穷，但其真实的意图是吐鲁番地区，这里曾经是中国领土。吐鲁番也在较短时间内转变成了伊斯兰地区，臣属们禀报给埃米尔说，通过欺凌手段，吐鲁番一夜之间就皈依了，但实际的转变期要漫长得多。在接下来的几个世纪里，尽管伊斯兰教也获得了突出的社会地位，但吐鲁番地区仍保留了佛教庙宇和孔庙。

历史记录了这里的战争。或者更确切地说，在接下来的几个世纪里，新疆发生了一系列逆转、背叛和叛乱，几个部落间的叔侄兄弟为了控制这里，费尽心机地相互残杀。在中亚，臭名昭著的军阀塔埃米尔·帖木儿（史称跛子帖木儿[1]，1336—1405）宣称自己是伊斯兰之剑，但他采取了蒙古式的军事手段对外扩张。跛子帖木儿从来不自称可汗，他认为这个称号专属于成吉思汗的后代。不过，他娶了秃黑鲁·帖木儿的女儿为妻，与蒙古人联姻，并在天山以西持续征战。

跛子帖木儿西征对丝绸之路的残余势力来说是一场灾难，因为中亚地区许多穆斯林部族联合起来与之对抗，但他们最终付出的代价却是数百万条生命。15 世纪初，宗派暴力蔓延到新疆，跛子帖木儿的孙子米尔扎·亚历山大发起了一场针对新疆“六城”的军事行动，军队最远到达阿克苏。抵达阿克苏后，他赦免了这座城市的居民，但前提是当地人要交出居住在城里的某些商人——这相当于对非穆斯林居民处以私刑，城内的“富人”或“中国人”皆被处死。

蒙古人崛起，其后裔逐渐散居各地，他们与伊斯兰教结缘，进一步推动该教势力的崛起，两相结合，彻底改变了该地区。从那时起，该地区的遗产呈现出了显著的伊斯兰教特点：清真寺和伊斯兰陵墓、穆斯林行善济世和宗教虔信的故事，以及对《古兰经》和穆罕默德圣训的大量引用。伊斯

① 跛子帖木儿（1336—1405），出生在西察合台汗国，即今天的乌兹别克斯坦。帖木儿帝国创立者。帖木儿与蒙古人作战时，被打伤成了瘸子，因此被称为跛子帖木儿。

兰教是新疆文化遗产中至关重要的组成部分，它在沙漠中闪耀着耀眼的光芒，使其前身——佛教文化黯然失色。

成吉思汗基本上对多元文化信仰漠不关心；忽必烈对各种宗教都持欢迎的态度，并表现出极大的兴趣。但是他们的继任者——正如许多以死亡威胁逼迫人民皈依的历史故事所暗示的——很快就接受了伊斯兰信仰，且对其他信仰并无耐心。事实上，在新疆西部，几乎没有其他宗教留存的证据。跛子帖木儿和他的儿子们杀死了中亚地区大多数尚未皈依伊斯兰教的基督徒，而残存的佛教徒都是二等公民——他们的后代大都转而信奉伊斯兰教。异教徒的墓地很快就无人看管了；被破坏的异教徒庙宇进而被拆除，在其上建造了新的建筑物。废弃的异教徒聚居区最终被沙漠掩埋。

贸易本身也发生了变化。经过几个世纪的蒙古人的征战和莫卧儿王朝战争，陆上丝绸之路分崩离析。而吐鲁番，这个丝绸之路上最靠近中原的城市，在公元1408年向明朝派驻了一个临时的大使馆①，接受自身作为中国的附属国地位，并以此作为定期上缴“贡品”和进行贸易的渠道。中国

① 永乐六年（1408年），明朝设立吐鲁番僧纲司，授吐鲁番僧清来为灌顶慈慧圆智普通国师，其徒七人并授为吐鲁番僧纲司官。我国早在东晋就开始设立僧纲司，管理宗教事务。元代设僧署，管理边境事务，“僧俗通摄”。明朝沿袭了这种管理方式，但单设了吐鲁番僧纲司。

人仍然需要马匹。吐鲁番人可以提供大量的葡萄干，还有从新疆其他地区运来的玉石和香料。这种大规模的贸易货物每年在吐鲁番汇集一次，然后运往中原，以此向新首都北京“表忠致敬”。在接下来的两个世纪里，中国在该地区究竟拥有多少真正的权威，将是一个争论不休的问题。

# 第六章
# 新蓝图
（公元 1408—1912 年）

喀什没有“地平线的主宰者”——阿帕克·霍加的雕像。作为纳克什班迪教团的圣人、逊尼派伊斯兰教的“心灵雕刻家”，他认为，把自己的形象刻在石头上供他人崇拜是对真主的侮辱。当地人为表达对他的推崇，就把他的陵墓修建得雄阔而壮丽，陵园内还埋葬着不少家族成员，有些名声卓著，有些声名狼藉——比如他的父亲，就是被阿帕克·霍加的表兄毒死的；还有他的遗孀“屠夫女王”，以及她谋害的继承人，皆安葬于此。

新疆穆斯林贵族的命运，是该地区辉煌而动荡历史的完美寓言。他们的文化不允许借用中国人或欧洲人所熟悉的方式纪念自己的先祖，但对本民族的信众来说，他们承袭的遗产是该地区历史一个引人注目的、活生生的组成部分。它体现在众多豪华清真寺富丽堂皇的建筑中，也体现在真正的老城区的棚屋之上，或者隐藏在现代摩天大楼后面的死胡同里。它记载于古代波斯语或维吾尔语手稿和历史之中，但罕有中文翻译本，欧洲语言的译本更为罕见。因为他们与境外伊斯兰国家的民族和宗教渊源，使他们的注意力一直聚焦于大山以远的地方。穆斯林贵族的宗派纷争严重破坏了伊斯兰教自身团结统一、安抚心灵的形象，他们一再为了争夺遥远的绿洲而陷入投毒、暴动和冲突事件当中。

中国有为对手庆祝的习惯。有消灭整个部族的故事，有烧死敌方国王并挫骨扬灰的故事。但更多的是不战而胜的故事，有收服地方统治者融入中华文化的故事，还有降服入侵者并使之为中国而战的故事。中国更愿意把拉拢敌人的做法写入历史故事——与藩邦和亲，敕封藩邦领袖的父辈祖辈，赐予藩邦贵胄中文姓名，教他们的孩子中文；通过外交手段巧妙地收服许多海盗、叛乱分子或草原部落首领，赐予其爵位荣誉，让他们融入现有的社会文化体系之中。对新疆的某些人，这样做确实起了作用，他们找到了与中国权势的相处之道，接受了“马”这个姓氏来表达对穆罕默德的敬意，随着时间的流逝，它成了普通百姓的姓氏。但是，这类做法并非对所有人都奏效。

蒙古人的战乱摧毁了古老的丝绸之路，却也使许多工匠和技术跨越了丝绸之路，在遥远的地方定居下来，居所都靠近交易之地。在接下来的几个世纪里，新疆的故事回归到了丝路曾经与世隔绝的状态，这里比以往任何时候都更加闭塞，人们专注于内心世界，为生存而辛苦忙碌。

正如此前历代王朝所认识到的，看待新疆的政治往往需要地方视角。对单一绿洲及其所支持的有限地域和牧区实施控制相对简单。但偶尔有统治者试图扩张吞并各绿洲，而他在准备扩大战果时，会发现胜利完全变成了负担——绿洲以沙漠为其天然屏障，侵袭者必须备足粮草和珍贵的饮用水。一旦占领一个绿洲，只能通过交换人质来实现控制，或在当地驻军，但这样做必然会削弱自身力量，因为去对付叛乱的远征军都必须再次承受和以前同样严酷的作战条件。因此，新疆的政治管理，在很大程度上回归到了极度地方化的乡镇级管理，一些乡镇对遥远的中央政府口头上宣示忠诚，但多数情况下却自行其是。吐鲁番继续代表该地区年年向北京送去“贡礼”，认同遥远的东部地区的地图制作者把这里涂上中国属地的颜色。沙漠中的城市，地方政府往往由蒙古人和穆斯林两股势力把持，彼此明里暗里较着劲，不过这样的政府可以把成吉思汗的后裔和霍加（“大师”）的后裔团结起来，后者自称为先知穆罕默德的子民。这一对孪生王朝势力常有交集，也会共享权力，但是到了 17 世纪，世俗的蒙古首领基本上只是傀儡，真正实施管理的是穆斯林贵族霍加。

## 哈萨克人、柯尔克孜人和卡尔梅克人

从吐鲁番往西，金帐汗国蒙古后裔的内讧分裂出了一个新的游牧民族。胜利者仍然留在中亚，后来被称为乌兹别克人。战败者向东逃窜，后来被称为哈萨克人。一部分定居在现在的哈萨克斯坦，还有许多人经过血战进入了天山以北的伊犁河谷，那里至今仍有大量哈萨克人聚居。

同样，一些在中世纪迁移到新疆的部落，加入了几支不同的军队，并且所占比例都不低，定居的地方在现在的吉尔吉斯斯坦——但是他们彼此间的边界没有明确，所以他们也在浴血战争之后越过大山回到新疆。这个群体贫穷，踪迹难寻，总是占据着制高点，几个世纪以来一直保持着政治独立，不过在 16 世纪末他们接受了伊斯兰教。和新疆其他的皈依故事一样，这要归功于一位苏菲派神秘主义大师伊沙克·瓦利（死于公元 1599 年）。当柯尔克孜族百姓向着一千个神像祈祷，希望他们的领袖西罗普尽快从病因不明的疾患中康复过来之时，伊沙克对此直言，这么做荒谬无用，相反，伊沙克忠告人们要信仰真主，他和追随者们来到西罗普的床边一起祈祷。这位生病的领袖突然打了个喷嚏，从病榻上一跃而起，唱诵起了穆斯林的信仰宣言。部落成员们不仅和他一起皈依了伊斯兰教，还砸碎了他们最珍贵的神像，并把银质的碎片送给了伊沙克。

然而，伊沙克并不能代表伊斯兰教。正如基督教在欧洲的情况一样，它分裂成互相争斗的教派，某些教派之间还爆发了战争，伊沙克本人也参与了当地伊斯兰教的分裂，一方是他自己的支持者，另一方是他兄弟阿明的支持者。伊沙克的“黑山”派，与阿明的“白山”派仅在教义上有些许的不同。这两兄弟的几代后裔，在新疆东部地区仍时有争执，双方边界基本上是沿着地理地貌划分，在喀什噶尔北部山区的山脚下定居的是白山派，喀什噶尔南部向着叶尔羌方向区域定居的是黑山派。由于这两个苏菲派神秘主义部族都在近期吸纳了强悍的柯尔克孜族皈依者，双方经常发生冲突，教唆皈依的游牧骑兵以战斗来捍卫自己的信仰。

在很长一段时间里，白山派似乎占据了上风，尤其是在阿帕克·霍加（公元 1694 年离世）废除了旧的蒙古法令，代之以伊斯兰教法之后，他将伊斯兰教义深刻地融入了当地的世俗生活。虽然本书前述的传说和民间故事都较为清楚地表明，新疆数个世纪前就已转向伊斯兰文化，但更为切实的信息来源也确认了这种变化。《伊朗百科全书》做了这样一个结论：本地区多民族、多宗教信仰、不同政权形态的各部族，终于在阿帕克·霍加执政期，基于效忠于伊斯兰教的理念而渐始形成了共同身份属性。正是由于这个原因，今天在喀什的阿帕克·霍加陵墓是现代中国伊斯兰教中最引人注目和最神圣的地方之一，尽管导游可能会掩盖他遗产中的这一特殊因素。

阿帕克·霍加的改革和所取得的成就在喀什影响深远，也给新疆造成了更广泛的政治影响，这种影响体现在他和卡尔梅克人紧张和危险的关系上，这是一个在新疆东部新出现的蒙古游牧部落，与成吉思汗的军队没有直接关系。他们被驱逐出中国明朝的边境之后，其中一些人也在新疆北部和西部的边缘区域定居下来。17 世纪初，在卡尔梅克各部落中，一个名为“准噶尔蒙古人”的部落声名鹊起，准噶尔汗国是人类进入现代之前，所兴起的最后一个草原帝国。

准噶尔人并不属于中国或穆斯林民族，他们溯古追昔，接受了自中世纪延续至今的西藏文化。准噶尔的继承人噶尔丹汗（1644—1697）在西藏拉萨长大，自幼师从第五世达赖喇嘛学习佛法，1671 年他的兄长被谋害之后，噶尔丹返回大草原，他血脉正统，又有来自西藏的教权支持，夺得了准噶尔统治权。1677 年，白山派领袖阿帕克·霍加在部族争斗中落败，请求噶尔丹的帮助以对抗他的堂兄弟，阿帕克·霍加引入非穆斯林的声援者，加剧了这些为伊斯兰服务的游牧民族之间的军事冲突。

准噶尔由此开始逐步征服了新疆，向西扩张至塔什干，向东扩张到西伯利亚南部。之后噶尔丹下令，所有被征服的城市，除了涉及与准噶尔打交道的事务，均实行自主管理。

然而，中国发生了变化。衰败的明朝在 1644 年被清朝取代，这是满洲部落的军事胜利。刚上台的清朝统治者认为自己不仅是成吉思汗的接班人，也是中世纪时期征服中国的少数民族（如西辽）的接班人。与蒙古人统治的元朝时期一样，中国北方游牧民族出身的皇帝，不可避免地将中国人更深地卷入了针对草原的冲突。

到了 17 世纪，中国与外国建立了新的联系。俄国沙皇的帝国持续向东扩张，最终与中国接壤。在曾经无法通行的大草原上，中俄贸易让俄国人可以享受到丝绸、瓷器和俄式传统茶炊，导致中亚商道日渐没落。清朝向西扩张——部分原因是为了阻止俄国从另一个方向扩张，并开始了一场针对准噶尔人的战争。

中国与准噶尔人之间的对峙，与该地区历史上的许多事件有着不可思议的相似之处。尽管故事以大屠杀告终，但在准噶尔部落存续的大部分时间里，准噶尔人于中国人而言，更像是贸易伙伴而非潜在的敌人。准噶尔人就像古代的匈奴一样，比中国编年史上所记载的要复杂得多，他们居然拥有一支由骆驼驮着大炮和辎重的炮兵部队。他们没有应循传统做法，没有把中国当成世界中心，而是与其他国家达成了一系列协议。他们解决了与俄国的领土争端，向新疆各城邦索要贡品，甚至干涉西藏的政治事务。未经准噶尔人许可，没有哪支贡品车队可以从新疆运抵中国。准噶尔人经常冒险送出远远超过中国实际要求的“贡品”，迫使中国人以货易货，勉为其难地收下这些东西。

清朝皇帝希望推行已在蒙古成功实施的政策，即支持几个较小的部落来分而治之，各个部落都对他俯首帖耳。这一举措将降低准噶尔地区发生大规模人口流动或战争的危险，并必将引发准噶尔的内部争斗，内耗自然使他们无力挑衅中原。1745 年，一个巨大的机会来了，一位强大的领袖死去，准噶尔分裂成了几个派别。

1755 年，乾隆皇帝以“支援”准噶尔某派别之名，向天山以北派遣了一支军队，并迅速占领了这个经受多年内部战乱之苦的地区。一切都很顺利，中国人离开后只在几个战略重镇留下了驻军点，期待着准噶尔人维持四个独立的部落，各管其属。阿睦尔撒纳，这位曾经最早上书清廷求援的部落领袖，宣布他要做卫拉特总汗，统辖准噶尔，他不但在大清帝国广为散布消息，还突下狠手，将该地区的大清驻军全部屠戮。

乾隆皇帝盛怒至极，痛恨阿睦尔撒纳的降而又叛，更恨自己曾为其不计代价提供帮助，随即向其宣战。具有讽刺意味的是，由于更为隐蔽的敌人——天花的暴发，阿睦尔撒纳已经撤退了。尽管这场流行病已经把准噶尔人分隔成了许多小群体，但乾隆决心已定，不可再有准噶尔起兵暴乱。他不再相信任何准噶尔人的“归降”了，他命令军队消灭准噶尔部。这显然使诸将领感到惊讶，他们吁请皇上三思，但乾隆却以明确的措辞重申了该命令。老年人和“弱者”（在古代汉语中，这通常是对女性的委婉说法）可以幸免，但男性都要消灭。乾隆说到做到，屠杀和天花两者合力把准噶尔人从地图上抹去了，而有些幸存者则在逃亡途中成为饿殍，有些越过边境逃往俄罗斯。还有几千人作为奴隶幸存下来，但在这样的条件下，他们不可能保持自己的民族身份、财产或领土——他们甚至不被允许保留自己的原名。准噶尔人消失了，如今只在少数几个孤立的地名中留下了些许痕迹，其含义往往不为现代居民所知。

乾隆皇帝这个残酷的决定标志着满洲人（因此也意味着中国人）进入该地区的历史转折点。过去的政策倾向于“以夷制夷”，而这种直接的军事干预草原地区事务则表明满洲人将留在这一地区。这让人联想起了满洲人最初征服中国时也实施过类似的屠杀，所过城池凡拒绝投降的，就被屠城。正如满洲人占领中国并留下来一样，他们现在牢牢地把西域划入疆域版图。不会再有犹疑或模棱两可，也不允许再有心口不一或模糊定义的从属关系。也有人说，满洲人对准噶尔人实施的相当非中国式的暴行，从某种角度来说，正符合中国人的传统说法，“以夷制夷”。尽管中国历朝历代经常把敌人视为马匹的潜在供应商，但满洲人已经拥有了足够的马匹。取得胜利的乾隆，在几份诏书中为自己的行为进行了辩护，这一边界问题已一劳永逸地解决了，他在死后可无愧地面对先人。

然而，这在天山以南造成了更为复杂的影响。准噶尔人以前在那里解决了争端，维持着相互仇视的城邦之间的和平。铲除准噶尔部之后，中国军队救出了阿帕克·霍加的两位后人，他们一直作为人质生活在阿睦尔撒纳的保护下，以防天山南麓发生叛乱，也迫使沙漠绿洲不敢停止向阿睦尔撒纳进贡。乾隆原想他们两位能够奉他为主。但事与愿违，他们逃回自己的家乡，意图煽动叛乱，声称这是他们“建立独立国家”的唯一机会。

清理乱局需要数年时间。即便在摆脱了准噶尔部重获自由之初，几个大城市也拒绝支持新的反叛者，他们倾向接纳大清的权威。最终，反叛者的据点只剩下喀什噶尔和叶尔羌等几座城市，在那段时期，他们造成的破坏远甚于清朝军队，他们掠夺城市周围区域，以确保未来包围城池的清朝军队无法获得补给。即便从同情这些反叛者的史料来看，“当地”所给予他们的支持，都是被迫而为之。然而，当地的统治者伊明·霍加，热情地欢迎中国人，并帮助他们在战役后恢复地方秩序。正因为如此，后人铭记着伊明·霍加，为他修建了一座美丽的纪念塔——这也成了整个地区的地标性建筑。

清朝是最后一个统治中国的帝国王朝，直到 1912 年著名的“末代皇帝”退位，由中华民国取而代之。清朝的遗产，是把许多边远地区并入了中国版图，并且是从统治者自己的发源地满洲开始，满洲现在被简单地称为“东北三省”，在之前的许多朝代，那里都独立于中国版图之外。清朝想要保护自己的边疆不受俄国人的侵犯，也不受其他游牧民族的侵犯，因此他们把大量的精力和资源投入丝绸之路沿线的战争中，最终向西推进到喀什噶尔，并一劳永逸地建立了一个可识别的现代中国边界。

清朝统治者有效地解决了边界问题，他们把边界向外推进，把以前可能造成麻烦的，所有曾经首鼠两端、犹疑不决的区域都并入了统治疆域。西藏被锁定在中国的势力范围内，穆斯林的外围区域被征服，连蒙古也并入了中国版图。然而，历史并不认为清朝取得了巨大的成功，这主要是因为清朝在竭力解决一系列历史遗留问题的过程中，没有意识到一系列新的、现代的问题即将出现。

对清朝的官员来说，有一点非常重要，需要铭记于心，自古以来，西域一直是中国开展对外交往之地。纵观中国历史的大部分时期，丝绸之路及其周边地区是中国唯一拥有真正外交关系的地方。丝绸之路，凸显贸易的重要性，承载着各式各样的差异性，演绎了无数尔虞我诈的交易、虚情假意的承诺、虚与委蛇的表忠与服从，这些是中国对外交往中所汲取的主要经验和教训。因此，当新的“野蛮人”从更遥远的西方而来，并没有按照数千年以来一直存续的规则行事时，世界已然发生了巨大的变化，而清政府却迟迟未能意识到这沧桑之变，这就不足为奇了。

西域不是记录中国“百年屈辱”历史的地方。鸦片战争、太平天国运动，以及一系列将中国领土割让给外国列强的“不平等条约”，都让中国蒙羞。当欧洲人和美国人在沿海地区利用清朝日渐衰弱之机攫取自身利益时，中国对其外围省份的控制开始动摇：香港被英国占领；澳门被葡萄牙攫取；上海变成了“外国的”城市。在内陆腹地的沙漠城市也遭受着内忧外患，还会让人觉得意外吗？

## 阿古柏和喀什噶利亚[①]

在 19 世纪 80 年代，这片区域被命名为“回疆”，意为“穆斯林边境”，然后又命名为新疆，即“新边疆”。这种命名方式反映了中国态度的转变，中国最初将这里视为一个由

① 喀什噶利亚，原文表述为 Kashgaria，与世界史和中国历史记录有明显出入，中国史料一般表述为洪福汗国。

不同种族和宗教信仰定义的地区，但后来看到了这里具有发展屯垦戍边和深入开发的潜力。然而，在 19 世纪，一批又一批新生势力和叛乱分子在该地区制造着麻烦，他们往往以伊斯兰教为借口，依靠中亚边界以外的支持，尤其是来自浩罕汗国（1709—1876 年，一个以费尔迦纳谷地为中心的伊斯兰国家）的支持。

他们从未成功过。瓦力汗 · 霍加是阿帕克 · 霍加的后代，在 19 世纪 40 年代和 50 年代一直是中国的“眼中钉肉中刺”，曾多次侵袭喀什噶尔，1857 年几乎全部占领了喀什噶尔，随后就开始了连续 77 天的残杀和强奸，并在河边垒起了一堆头盖骨。但即使是这次骇人听闻的侵袭围城，也没能攻下这座城市的堡垒，守卫军士直到增援部队赶来，再次将瓦力汗赶走。此次侵袭屠城也没有为瓦力汗在其他地方赢得任何朋友，当他曾经的支持者发现他下令处决穆斯林同胞时，他们感到无比震惊。与早些时候新疆人民之间的冲突一样，瓦力汗的掠夺行为常常被人们铭记为一次又一次与中国的战争，那时当地穆斯林遭受了由他造成的一次又一次苦难。19 世纪 60 年代，瓦力汗试图再次发起动乱，但却在可疑的情况下死去，似乎死于一个比他更残忍的人物之手。雅霍甫 · 阿古柏（1820—1877）是来自浩罕汗国的冒险家，

1867年他率领一支军队侵入中国，推翻了最后一位白山派的霍加，自立为埃米尔。

他建立的国家存续时间很短暂，有时被称为喀什噶利亚，该政权也卷入了伊斯兰教的内部冲突。他以圣战之名出兵，最远到达了迪化，但这是一场针对他的穆斯林同胞的战争；值得一提的是，阿古柏的军队中有中国士兵，这些中国穆斯林与跟自己相同教派的其他穆斯林并肩作战。阿古柏为了征服天山以北的伊犁地区，向当地人发起了数次战役，迫使大量哈萨克族和柯尔克孜族部落逃亡去了俄国。

几乎整个新疆都在阿古柏的控制之下，包括远至西端的城市哈密。他实施了一套严厉的伊斯兰教法，但很快就证明，他的新臣民并不拥护他的治理措施。事实证明，维吾尔人在坚持伊斯兰信仰方面相当自由，而阿古柏的执法者发现迪化有不戴面纱的女性、没有缠头巾的男性，市场上有出售猪肉和葡萄酒，这让他们感到震惊。他们对犯戒者进行鞭笞，阿古柏虔诚地向当地的清真寺捐款，同时又挥霍着以苛捐重税剥夺来的民脂民膏。

曾经困扰汉唐两代投入产出比的问题，仍未找到解决之法。治理新疆的成本要高于新疆自身产出的收入。邮驿路线、军饷、基础设施和各类损耗，所有这些最终的花费都远远超过新疆实际的产出。它真正的价值只有眼光长远的战略家才清楚，拥有新疆就不会有额外的战争，军力就不会被额外消耗。清朝统治者对此有清晰的认识，他们愿意承担在此驻军的经济消耗，因为他们知道新疆对整个中国所具有的重要地缘战略功能。但雅霍甫·阿古柏完全不具备这样的眼光，他可没有内陆省份可以为他提供资金。

他的祖国浩罕汗国给不了帮助，因为他早已轻率地宣布独立了。他也不可能从中国获得源源不断的白银。号称独立对喀什噶利亚在财政方面来说是一个空前的愚蠢行为。雅霍甫·阿古柏狭隘的宗教乌托邦已经终结了正常的贸易，阻碍了农业发展，戕害了许多当地领袖。现在他有军队要供养，有国家要管理，苦于找不到财源。因此，毫不奇怪，这个陷入困境的新国家很快引起了英国人和俄国人的注意，他们都将其视为一块诱人的资产，由一个凶残的暴君执掌——这对任何一个帝国而言，都是极好的猎取对象！双方都迅速承认喀什噶利亚是一个独立的国家，但当雅霍甫·阿古柏挑战中国的意图变得明显时，英俄又对中国做出了让步。女王和沙皇都很乐意与一个新的亚洲国家交朋友；两国都不希望为了沙漠中的几口水井而对中国发动新的战争。

最终从雅霍甫·阿古柏手中夺取了新疆控制权的左宗

棠将军，向皇帝总结了该地区的无形价值。这些大草原一路铺展横跨亚洲，但也靠近北京——距离北京不到三百公里，这就是潜在的危险。为了确保北京的战略安全，每一位中国统治者都需要完全控制内蒙古。但内蒙古对来自西方的进攻并未设防，只有占据天山以北草原的战略要冲，才能充分护卫内蒙古。换言之，新疆不应被视作一个可赚取利益之地，而应是大草原的战略据点。

19 世纪 70 年代，雅霍甫·阿古柏成为一位全球名人。伊斯兰世界只听闻他是虔诚的教徒，就称赞他是一位伟大的穆斯林领袖。土耳其人把他誉为民族兄弟；简而言之，英国和俄国赞誉他为新的沙漠之王。而在新疆的大多数居民心目中，他是野蛮的外国侵略者，当地的穆斯林甚至认为，以往在中国人的统治下，他们的生活还好一些。

阿古柏热潮很快就被人抛诸脑后了。1875 年，当左宗棠将军出征收复失地的消息传来时，阿古柏的外国支持也随之烟消云散。俄国人占领伊犁河谷的部分原因是为了阻止难民潮涌入俄国，但是与清朝协商后，俄国可以继续保留军事存在；双方达成了一些贸易协议，并获准在喀什噶尔建立领事馆。1877 年，阿古柏似乎死于中风，不过很快就有传言说，他是被中国买通的穆斯林对手毒死的。他的沙漠帝国分崩离析，有些追随者逃逸，有些被处死，而阿古柏幸免的儿孙家眷则被监禁，还有些子孙在北京被阉割做了太监。

随着新疆再次归入中国版图，国际社会对阿古柏动乱的兴趣逐渐消退，尽管这一历史奇景的一小部分留存在伦敦郊区，从伍尔维奇渡轮站向南，步行一小段距离就能看到。离普卢斯特德大街东南 18 号不远，从雷克戴尔电动工具店左转，你会看到一条叫喀什噶尔的市政道路，路旁是一排半独立式房屋。这片曾经是果园和沼泽的地方，在 19 世纪 70 年代兴建起了住宅区，以喀什噶尔命名的街道，让人回想起了曾经的头条新闻，还有维多利亚时代的人们在遥远的远东地区的抱负。

## 盗墓者

新疆不仅仅是中国人的新边疆，在欧洲探险家心目中，它也代表了世界地图上未被涉足的最后一部分。特别是对英国人和俄国人来说，这是一次诱人的、对未知地域的探究，即便这里一时处在中国控制之下，但未来攫取为自己所有，亦是可能。这两个大国在评估该地区的战略价值时都采取了稍显犹豫的步骤，因为这场伟大的国际变局已将阿富汗纳入其中，并且正逐渐逼近喀什噶尔与和阗。

一批不太成功的基督教传教士和一些勇敢的探险家及考古学家涌入这里。当然，其中之一是费迪南·冯·李希霍芬，他在19世纪60年代考察了部分区域，然后相当武断地试图以自己的名字来命名一座山脉，出于偶然，他发现了罗布泊干涸的盆地。回到欧洲后，他在阿古柏去世那年出版了《中国》地图集，创造了“丝绸之路”这个词。他的学生、瑞典探险家斯文·赫定在19世纪90年代绘制了塔克拉玛干的数份局部地图，一度成为标志性的沙漠探险狂人，他曾经艰难地穿越沙漠深处，在几乎渴死的状况下，匍匐向着湖泊前行，最后却发现那只是海市蜃楼。斯文·赫定在一次探险中，首次发现了新疆最古老的遗迹——恐龙化石。以此发现可以判断新疆曾经远比今天更靠近大海——古特提斯海洋，海岸的起点就是今天的喜马拉雅山。这些骨头化石是巨型爬行动物的遗迹，它们以史前蕨类植物为食，这种蜥脚类恐龙奔跑速度快，骨质轻，现代考古学界认为，这些化石填补了一段缺失的恐龙和鸟类之间的重要演化环节。意料之中的是，恐龙遗骸从未远离它们曾经享用过的森林和蕨类植物，岁月将这些残留物碾碎了，压进了煤层和原油层。20世纪，这些煤层和油田把中国矿工吸引到了新疆最偏远的地区。

斯文·赫定的游记《穿越亚洲》(1898 年)启发了许多人，其中包括匈牙利出生的考古学家奥雷尔·斯坦因，他在 20 世纪初对丝绸之路的废墟进行了几次挖掘；德国人阿尔伯特·冯·勒·科克像着了魔似的贴在千佛洞壁画上细细揣摩；日本僧侣大谷光瑞；还有博学多才的法国人保罗·伯希和，他在 1906 年至 1908 年期间骑马穿越新疆，做了一次史诗般的探险。他们都写下了扣人心弦的调查报告，用斯坦因的话说，这些报告揭开了“华夏沙漠废墟”的神秘面纱，揭示了该地区已被遗忘的历史根源和路线。正是他们这些一个世纪前发表的报告，首次向全世界详细介绍了这里的许多地方和不同民族(详见本书前几章内容)，揭示了楼兰遗址、塔里木第一具干尸，以及盛极一时的和阗留下来的历史遗迹。

中国人理所当然地以怀疑的眼光看待他们。尽管英国和俄国在阿古柏问题上做出了让步，但两国都对新疆地区抱有兴趣，认为未来与中国发生战争时，这里有着高度的战略意义；他们派遣了许多人在这一地区游荡，结果证明他们确实怀有不可告人的目的。

以“瑞典人”古斯塔夫·曼纳海姆为例，考古学和人类学研究只是个幌子。曼纳海姆是一名俄国间谍，他被精心挑选出来去执行为期两年的任务，作为一位芬兰贵族，他能说一口地道的瑞典语，还能通过瑞典探险家的考试。曼纳海姆的任务是穿越丝绸之路，表面上这是保罗·伯希和探险任务的一部分，但实际上是检查中国军事设施的状况，绘制地区地图，并观察日本“顾问”在该地区的渗透程度。

当曼纳海姆返回圣彼得堡时，他在 1909 年提交了一份长篇报告，描述了清朝腐朽堕落的现实状况，确认它不太可能对俄国构成威胁。他提出了一个阴险狡诈的计划，通过占领某些具有战略意义的绿洲来夺取新疆，这不是一个殖民计划，而是希望取得奇效的纸上谈兵。他认为，一支入侵的军队只需短短几周即可占领新疆，只要夺取几个绿洲便可。但他们真正拥有的是什么？除了沙漠和沙尘暴，什么也没有，也不可能真正控制住暴戾的土著。曼纳海姆将新疆视为战略上的“项庄舞剑”，可以先攫取这片领土，然后在条约谈判中以此作为筹码，卖回给中国人，换取对方在其他地方做出更有价值的让步。

他带回家乡的旅行纪念品，包括一幅引人注目的唐卡，展现的是一位骑着马的神灵，还有一张中国的桌子以及一些五花八门的小摆件，它们经历过第一次世界大战、俄国革命和芬兰内战那些动荡的年月，今天仍可在赫尔辛基的曼纳海姆博物馆见到。

当这些探险家第一次来到这里时，抱持的心态是典型的欧洲殖民主义思想。他们认为中国人配不上中国的文物，这些文物完全应该放置在欧洲或美国的博物馆里，在那里它们可以得到最好的保护和研究。我们也许会原谅他们，甚至同意他们的观点——毕竟，丝绸之路上有成千上万的造像被伊斯兰教破坏者损毁，他们这么做就是为了表现宗教忠诚，而中国人自己也明白，拓印商人蓄意破坏了许多原作碑文，来增加自家拓本的价值。我们在其他地方的现代考古学领域也感受到了类似心态。例如，罗塞塔石碑[①]对一代又一代无知的路人来说不过是一块铺路石——有人可能会说，它是在1822年才在大英博物馆里被“发现”的，从那一年起，商博良才开始真正破译它。

然而，在中国人看来，情况并非如此。相反，他们看到的是一波又一波傲慢的闯入者。其中一些人，比如伯希和是醉心于中国文化的探究者，另一些人则不过是些盗墓

① 也叫古埃及托勒密王朝石碑，制作于公元前196年，刻有古埃及国王托勒密五世登基的诏书。石碑上用希腊文字、古埃及文字和当时的通俗体文字刻了同样的内容，以让·弗朗索瓦·商博良为代表的近代考古学家解读出了已经失传千余年的埃及象形文之意义与结构，是研究古埃及历史的重要文物。该石碑自1802年起保存于大英博物馆中。

者和掘金者——用几个便士就能从呆滞麻木的农民那里骗走所谓的垃圾旧货，反正这些东西也不是农民自己的。奥雷尔·斯坦因满怀希望地在书中写道，他为佛教所付出的努力是为他自己下辈子积累“功德”，显然他相信这些努力是值得尊敬的。但隔了几章，他就在讲如何耍弄当地官员，设定各种策略来分散他们的注意力，展开浪费时间的调查，这一切都是为了让他能够在不受干扰的情况下盗掘各地遗址。从某种程度上而言，中国对外国人普遍持怀疑态度，且愈发地不信任他们；毕竟，当义和团运动在遥远的北京城越闹越凶之时，斯坦因正在执行前往和阗的任务。但斯坦因的文章显示出一种鲜明的态度，他认为不能让中国人知道自己文物的价值，他们不是可靠的文物保管者。当时，他可能是对的。

在过去两百年里，关于文物所有权和遗产的诸多争论中反复出现的一个问题是，以今天的标准和价值观来评判已故考古学家是不公平的。这对中国当地百姓和欧洲人来说都是如此，因为今天许多中国人似乎完全忘却了当时外国考古学家的工作环境。阿尔伯特·冯·勒·科克，今天人们对他的身份认定，首先他是一个破坏者，然后才是一个考古学家，他自认为一直致力于对中国文化遗产的保护，每每看到中国农民从无价的柏孜克里克石窟壁画上刮下彩绘，丢到田里当肥料，他只能绝望地摇头叹息。在拆除了已废弃的佛塔、寺庙废墟和坟墓后，才有了这些新开垦出的农田。当时，地下仅存的一点遗迹也因建造灌溉系统而被毁坏了，而附近洞穴中现存的宗教形象差不多都被无知的农民毁掉了。阿尔伯特·冯·勒·科克用镐头从柏孜克里克石窟的墙上凿下壁画时，对自己崇高的目标充满信心。如果说是他“破坏”了石窟壁画，那他这么做实质上是为了拯救这些神圣的艺术形象，而在他下手凿壁之前，许多造像的眼睛和嘴巴早已被潜在的塔利班分子挖掉了。此后，具有某种可怕的讽刺意味的是，冯·勒·科克救出的大部分壁画，都在盟军轰炸柏林期间被毁掉了，现在只留下了文物照片。当初如果把它们留在洞窟里，它们的命运可能会好一些，但也有可能它们已荡然无存了，苍天饶得过谁呢！

在欧洲人盗取的中国文物中，批评意见最严厉的，是在莫高窟的一个隐蔽空间里发现的垒得高高的经卷，这些古文书可能是防止敌人来袭而被安全隔离起来的，还有一种可能，此处是汇集不可损毁的宗教经卷之所在。直到 1900 年，道士王元禄（1849—1931）才发现了这些古文书。他在动手清理流进洞窟的沙子时，发现了壁龛后有一堵空心墙，墙的后面居然是一个“藏经洞”。奥雷尔·斯坦因后来亲眼见到了藏经洞，并在《沙漠契丹废址记》(1912年)中写道：

> 古文书一层层堆积起来，但杂乱无序，在王道士的小油灯昏暗的灯光下，显现的是一捆捆经卷，码垛得很严实，高达近十英尺。据后来的测量结果所示，经卷填满了近500立方英尺的空间，内里剩下的空间仅容两个人站立。

王道士是敦煌历史上一位有趣的人物。他既是道士也是业余考古学家，曾向中国当局汇报过他发现的藏书洞，还申请过保护资金。他得到的却是自己同胞的漠视态度，上峰下令他把这个洞口重新封堵了事，听起来就是敷衍塞责。所以今天很容易理解为什么外国探险家来了之后，给了他一些钱，就让他动心了，而其他人可能会说金钱只是几张废纸而已。

奥雷尔·斯坦因自吹自擂，他告诉王道士自己正追随传说中唐玄奘的脚步，要把神圣的经卷带回印度的某个圣地。一个世纪后的今天，我们不清楚他俩谁在欺骗谁，王道士一直扮演着一个不情愿的奉献者的角色。他本人不是佛教徒，但他会被外国人的“捐款”打动。斯坦因继续表现着他虔诚的佛教信仰，不过他对古经卷的最终目的地守口如瓶——不是印度，那儿只是中转站，真正的目的地是印度的宗主国英国。

王道士最后还是屈服了，让斯坦因带着一大堆经卷跑掉了。尽管毫无疑问，这些经卷的价值远远超过斯坦因所付出的价钱，但他挑选这些经卷更多的是考虑它们的品相，而不是内容。斯坦因其实看不懂大部分古文书，无意中带走了数十本一样的佛经。然而，经卷中有一份现存最古老的印刷文献，是公元 868 年的《金刚经》。今天，这个富含恢宏价值的文物陈列于伦敦大英博物馆。

几个月后，才华横溢的语言学家保罗·伯希和才来到这里，他的工作要严谨细致得多，更注重挑选那些被虫蛀和破损的手稿，尤其是当他意识到这些手稿复写于更古老的文本之上，而有些文稿中使用的是欧洲未曾见过的语言。敦煌古文书后来成为世界历史上最著名的文献发现之一，既有无价的宗教经卷——包括《耶稣经》在内的罕见的聂斯托利派基督教经文，也有围棋《碁经》、星图、历史书籍、字典、医学典籍和乐谱。从考古意义来看，敦煌古文书中有诸多领域的现存于世的孤本，这些古文书开辟了中世纪历史和文化研究的全新领域。其中有许多汉语的文书经卷，但也有一些是藏语、粟特语、维吾尔语和其他语言文字的作品，还有的文本文字尚未被破译。在科技昌明的今天，所有来自世界各地的敦煌古文书已经实现了数字化存储，世界各地的研究人员都可以免费在线获取资源，今天的共享精神，完全不同于当年外国帝国主义者巧取豪夺并偷运出境的不齿行径。

中国人很快意识到了问题。几年后，获取文物的难度大得多了，国家开始采取协同措施把中国文物留在中国。例如，1908 年，中国政府发现，几名外国寻宝者在鬼鬼祟祟地觊觎唐代基督教传播的重要文物“大秦景教流行中国碑”，就把这座石碑移入西安碑林保护了起来。石碑最初是在偏远的地方日晒雨淋，没有任何保护措施，外国人看中了它涵载的重要基督教历史价值，一直觊觎着它。其时已经有人指责居心叵测的天主教耶稣会士试图篡改碑文，使其更符合他们自己教派的精神，而且石碑被人做了几次拓片之后，碑文就已经出现磨损迹象了。另有一个例子，自 19 世纪以来，由于无数虔诚的手指抚摸造成的磨损，石碑顶端的十字架已经有些模糊了。丹麦探险家弗里茨 · 霍尔姆抵达了西安，目的很明确，就是要把这块石碑带到大英博物馆去，结果却发现中国人已经不再相信外国人了。霍尔姆只好委托工匠复制了一个石碑，但他发现一群政府官员居然去检查原件，就为了防止他偷偷调包，霍尔姆愤怒到说不出话来。霍尔姆痛苦地指出，这是中国当局第一次愿意费些心力去瞧瞧这块石碑，尽管三百年间它一直在那里受着风吹日晒。

如今的“大秦景教流行中国碑”坐落在西安碑林中一个相当不方便的位置，它只是众多石碑里的一块。它的背面抵着墙，上面的铭文没法看到，正面遮着一块脏兮兮的有机玻璃罩，想拍张合适的照片都做不到，在石碑前站得太久又会妨碍别人通过。如果这块石碑是在欧洲的博物馆里，他们可能会为它单设一个展厅，安置在基座之上，但它在西安碑林中的位置，真实反映了它在中国历史上的地位，它只是众多重要铭文石碑之一而已。今天这块石碑不是摆在纽约、柏林或伦敦的某个博物馆里，其实体现了某种不同——这是一个转折点，中国开始有意识地保护自己所拥有的遗产了，自己的文物应该保存在自己国家，而不是随意摆个小摊就把文物出售给贪婪的外国鉴赏家。今天在丝路旅行的游客们，可以欣赏到的各种各样的历史遗存，在一定程度上是与这一历史时刻所发生的改变有关的。然而在今天，其他外国人在这个故事中扮演的角色大都被忘却了。“大秦景教流行中国碑”移入碑林后，古斯塔夫·曼纳海姆是第一批专门来看它的游客中的一员，他写下了自己的感触——正是那几个新教传教士惊动了官府，暴露了霍尔姆的意图，“据报道，其中一个传教士说，这块石头更该归他所有，他已在中国生活了20年，霍尔姆才来了几天而已”。

# 第七章
# 自治与霸权
（公元 1912—2012 年）

城市雕像有代表广大百姓的群雕，也有像企业标识一样的抽象的钢铁线条。如今各地仍然有一些毛泽东雕像，成都天府广场的四川科技馆前立着一座，北京的中国地质大学也有一座。中国的边塞城市喀什，也有一尊毛主席雕像，丝绸之路在这里连接着外面的世界。

喀什的毛主席雕像面朝人民广场，所展现的形象似乎是在做有力的挥臂动作，雕像脚下的基座高度和雕像的高度接近，基座前方有一条横杆架在四根柱子上。和大多数毛主席雕像一样，他穿着一件厚重的大衣，扣子系得很严实，与喀什夏日的高温有些违和。不像其他的雕像那般迎风飘展，他的大衣贴合着躯干，好像微风稍有停歇。他举起手臂，似乎是以宽和的姿态邀请你，带你参观市中心，说着："就这么定了。"他双唇紧闭，似乎刚刚拍好一张大合照，准备回家休息。

20 世纪也是新疆历史的重要组成部分，它的历史遗留问题在这一时期造成的影响更为突出，也更难让人认同这段历史。尽管这一时期的诸多逆转性事件和一次次的政变都可在汉、唐、清各王朝找到相似的影子，但今天的人们，可以从他们的父母或祖辈不曾磨灭的记忆中，清晰地了解事实真相。

现代旅游景观可让众人兴奋，但个体感受也是各异其趣。石河子也许没什么可看的，但这座城市本身就是一座 20 世纪的丰碑，这座城市连缀起了周围曾经的屯垦基地，以此基础而得以建立——这些基地可追溯到汉代的军事屯田基地。石河子还有一座军事历史博物馆，当地人更熟悉这座博物馆的内容，因为他们的父辈祖辈，就是它所展现的拓荒建市的军人。现在去新疆旅游，你会发现这里延续着 20 世纪的进程，该地区作为中国的"新蓝图"，一个拥有丰富矿产资源和未开发土地资源的地方，人们仍然秉持 20 世纪 50 年代那种科技无所不能的认识——敢于改天换地，投身于新土地开发、改造沙漠的大计划之中。

20 世纪不同于之前历史时期之处，在于其人口规模。新来的汉族人不是成千上万，而是数以百万计。交通，特别是公路和铁路交通，比以往任何时候都更直接地将新疆与中国的核心区域连接起来。作家们喜欢说“混杂性”——当两种文化相互影响时，不可避免地会形成双向冲击。毫无疑问，中国人将新疆视为石油、天然气和矿产资源的宝库，一个真正的极具潜在收益之地。但反过来说，否认汉人在新疆的存在，你就否认了新疆的一些现代奇迹。事实上，伊犁河谷是中国领土，而不是被苏联占据却又抛诸脑后的一潭死水，这至少在一定程度上要归功于汉族定居者。通往若羌的高速公路、吐鲁番的葡萄种植园和达坂城的风电场，都是共产党领导下的开发项目，有些是他们引入外资发展起来的。

外国媒体着力渲染外来人口的数量超过了当地人，少数民族文化面临着来自人口众多的汉族的威胁，却很少报道大量的人口从新疆流向东部地区，因为维吾尔族和其他少数民族为大城市的优越条件和商业机会所吸引。所谓现代性正是 20 世纪中国的产物——一切因它而起又受它烦扰，它意味着巨大的希望，但它也带来了苦涩的失望。现代生活吸引着有信仰的人转向世俗，传统工匠也受着工业替代品的诱惑。一些游客希望每样东西都保持原始和“本真”，只要它不会影响游客自己就好。游客乘着飞机来到这里，坐在有空调的酒店酒吧里，喝着从冰箱里拿出来的冰啤酒，然后抱怨新疆正在失去昔日的风采，真让人觉得有些莫名其妙。

## 中华民国

1912 年，清朝被推翻，北京的新政权需要考虑的事情众多，远不止遥远的沙漠地区那些事。在迪化，当地总督继续坐着自己的官位，仿佛皇上还在金銮殿的宝座之上。天山以北的伊犁河谷，挤满了落脚于此的老兵，他们通电支持共和国，部分原因是出于真诚的感情，部分原因是他们中的许多人是致力于推翻满清政府的哥老会成员。1911 年至 1912 年的冬天，哥老会内部的敌对派系之间争斗不止，但双方都没能占据统治地位。

当然，新政权极有可能完全照搬中国的传统方式行事，只需把现有的各级政府机构重新包装成新的“共和党”官僚即可。哥老会似乎预见到了这样的妥协，该组织随即派出刺客暗杀了一些清朝官员。

要给各方起事造反的动机做出合理化的解释并不容易，这取决于地方争斗在多大程度上牵涉了这场“国家”革命。例如，一些哥老会成员痛恨清朝统治者，但他们并不一定希望推翻整个帝国制度，而仅仅是要恢复中国正统帝制。一些维吾尔族人认为自己是在与清朝做抗争，另一些维吾尔族人则认为自己是在抗争中国人，还有一些维吾尔族人则卷入了与其他穆斯林的争权夺利。在哈密，“中国”任命的回部亲王[①]被推翻，他是一个穆斯林暴君，因为在19世纪的镇压运动中为朝廷效力得到擢升。袭击他的几百名叛军躲到了山里，但后来与民国政府军签订了休战协议，然后以骑兵部队的身份加入了政府军队。为了获取这些骑兵的信任，派来招纳他们的民国将军持《古兰经》发誓：他的招降意图是高尚的。这位将军在吐鲁番对其他叛乱分子采取了类似的策略，但他并没有真心实意去解决维吾尔人的不满。维吾尔人抱怨称，他们仍然被穆斯林领导人当作农奴对待，而内地来的屯垦戍疆者却享有优越的权利。

① 哈密回王是“哈密札萨克和硕亲王”的通称，清代哈密地方维吾尔族的封建领主，自康熙三十六年（1697年）额贝都拉受封起，至民国十九年（1930年）末代回王沙木胡索特逝世止，共传9世，长达233年。在《清圣祖实录》和《清世宗实录》中，康熙和雍正对哈密额贝都拉家族历代领主多称“哈密回子”，在《西域图志》和《清穆宗实录》中，乾隆、同治多称其为“哈密郡王”。沙木胡索特，维吾尔族，也称新疆哈密王，光绪七年（1881年）袭爵，为第八代回王。1915年，中华民国大总统袁世凯授予沙木胡索特亲王头衔。

由于民国政府未能彻底改变清政府遗留的社会问题，1913 年，该地区又爆发了起义。这一次，加入民国军队的“骑兵”站出来支持起义者，或者说有人指责他们站到了起义者这一边。骑兵们很容易就被抓到了，毕竟现在他们不是藏在山洞里，骑兵领袖被处决了。

不久，民国政府委派的新疆最高长官杨增新（1867—1928）出现了，他秉持传统的儒家为官之道——公正、公平且严厉，很快他的官威就立了起来。至少，在他的治理范围内他就是这样履职的；他所代表的世俗权威没有屈服于旧有的地方势力或当地宗教势力。然而，杨增新在新疆确实有强大的人脉，或许更应将他视为共和革命后在中国内地乱局中崛起的众多军阀中的一位。当然，杨增新填补了自己造成的权力真空，他已经杀了许多参与较小规模叛乱的叛乱分子，以及多位哥老会的要员。支持杨增新的势力包括相互敌对的穆斯林黑山派和白山派，前者亲中，后者仍在暗中支持一个独立的伊斯兰国。但是，尽管有这些势力的支持，与其说杨增新是一位政府官员，不如说他是一个较为宽容的独裁者——甚至他在政府内部的联系人，都曾接到秘密指令：如果可能的话，可以将他取而代之。

新疆的最后几位统治者为了维护自身权威，都曾在宴席上大开杀戒，杨增新也不例外。1915 年末，当他听说一群复辟者正密谋推翻他时，他下令处决了报信人。不过这只是让谋逆者安心的障眼法。他邀请他们来参加春节宴会，觥筹交错之际，他一声令下，三位宾客就被斩首了。杨增新镇定如常，继续吃着喝着，毫不在意脚下大片血迹渗透了地板。

他可倚靠的手下，还有一批穆斯林执法者，其中一些人自封为地方的土皇帝。其中有一位叫马福兴，被杨增新任命为喀什噶尔提台，他在喀什噶尔以伊斯兰教法之名实施苛政，动辄剁掉人的胳膊和腿，把砍下来的残肢挂在城墙上，他还搜罗了一群战战兢兢的当地年轻女子养在“后宫”里。杨增新对马福兴的所作所为睁一只眼闭一只眼，认为只要无伤大局就好，直到 1924 年才改变了这个想法，因为马福兴的横征暴敛似乎引起了其他城市管理者的效仿。于是杨增新策动马福兴的一名下属杀死了他。

如果说杨增新以封建王朝手段为治理之策，那么他还是比较擅长管理一个封建国家的。他的残暴手段使四分五裂的少数民族听命于他，他成功地利用古代技术开垦出了新的农业用地，建起了一支手持铁锹的军队。新疆逐渐呈现出封建时期的特征，虽然取得了一些成功，但政府无法实施医疗或教育保障政策，与历朝历代一样陷入入不敷出的状态，因为新疆的治理成本高于税收收入。杨增新不愿意像雅霍甫·阿古柏那样被债务所吞噬，于是开始印制钞票，在迪化、喀什噶尔、吐鲁番和伊犁（天山以北的地区）发行四种不同的货币。这有助于将新疆划分为四个不同的经济区，但这四个经济区域都遭受着持续通胀的影响。

混局之下恶果不断。对一些白人帝国主义冒险家来说，新疆成了一个颇有名气的目的地。中国人在新疆互相缠斗，对于某些帝国主义冒险家来说，他们确信自己的欧洲身份可以成为挡箭牌。只要读了当时的旅行游记，人们就会形成这样的认识：谁要是敢于去深入探究这已被浪漫化的沙漠地区并记录下所见所闻，就可以得到一份图书出版合同，而这个沙漠地区现在是中国人、俄国人和“突厥人”进行政治角力的地方。

斯文·赫定就毫不犹豫地抓住了这个时机，1927 年他带着硬通货重返新疆开展地质调查，意图确定沙漠下石油、铁、煤炭和黄金的位置。抵达这里后，他居然获得中国政府任命，要他考察修建穿越沙漠公路的可能性，由此他与该地区几个交战派别有了直接接触，而之前他还以为这里战事已平。最终，斯文·赫定的探险队的许多卡车被一名中国军阀征用，他的军队正与入侵伊犁地区的俄国人作战。

已经有人警告过斯坦因，自从他上次旅行之后的数年间，中国人对盗窃文物的态度已发生了变化。他很难获得来自英国相关部门的资金了，这些部门越来越意识到该地区的紧张局势，但他最终从庚子赔款基金中搞到了一笔钱。该基金只能用于对中英两国“互惠互利”的活动。南京的民国政府官员对他的意图忧心忡忡，斯坦因信誓旦旦地说，他只对“古代废纸篓和其他垃圾填埋场”的内容感兴趣，不会带走任何中国人自己感兴趣的东西。但不管斯坦因意欲何为，他在民国政府内部的敌人很快就在报纸上发表了一篇文章，揭露了这个外国人曾经说过的话：“……新疆又不开化，我的老经验依然适用，只要拿钱行贿新疆官吏，没有不行的。”

斯坦因的传记作者安娜贝尔·沃克指出，此番言论的措辞表达与斯坦因现存的书信行文截然不同，她确信这句话是假的。但若视之为斯坦因对中国官方态度的总结，则可能与事实相去不远。这篇文章对政府缺位的评论似乎有意激起回应，政府的最终决定是取消其游历护照[①]。他匆匆离开，事后很少再提起这次惨败。

① 《天津条约》签订后，游历护照开始出现。通商口岸的外国人从领事馆取得护照，经当地海关道盖印，即可凭此护照进入内地游历。民国一度延续了该措施。《天津条约》是清咸丰八年（1858 年）第二次鸦片战争中英国、法国、俄国、美国强迫清政府在天津分别签订的不平等条约。

斯坦因到达新疆时，杨增新已被暗杀（亦是在晚宴上，颇有诗意的讽刺意味），该地区再次分裂为爱国的穆斯林、支持独立的穆斯林、爱国的非穆斯林和亲苏联的派别，且彼此敌视。

远在新疆的英国记者傅勒铭[①]——他兄弟伊恩·弗莱明更为世人熟知——预见了“玛丽女王”号客运邮轮的伟大创举[②]，证明“无法触及的蓝丝带奖”必将可以得到。1936年他出版了得意之作《鞑靼通讯》，记录了他沿着新疆南部路线的游历，然后穿过山脉到达克什米尔。傅勒铭虽然不像是他兄弟创作的007那样的间谍，但他名义上是为《泰晤士报》做旅行报道，实则是对该地区的政治和人道主义局势有着浓厚的兴趣，隐然是在为其他主子准备报告。

傅勒铭的游记记下了当地对斯坦因的不同看法，居于和阗和若羌之间的且末县是偏远的沙漠前哨，一位且末的官员曾这样评价斯坦因：

> 这位官员遇到的白人屈指可数，他最喜欢谈论的

---

① 英国记者 Peter Fleming（1907—1971），中文名傅勒铭。20世纪30年代，《泰晤士报》驻北京记者，作家。

② 蓝丝带奖（Blue Riband）是1910年设立的一个非官方的荣誉称号，颁给打破跨大西洋航行的客运邮轮平均航行速度纪录的得主。1936年，玛丽女王号（Queen Mary）客运邮轮用时4天27分穿越大西洋而获得蓝丝带奖。

是其中的伊什丁老爷，视其为超人。乍一听这个名字我们很困惑，后来我们认定他所说的这个老爷就是奥雷尔·斯坦因爵士。在整个新疆南部绿洲，人们仍然对这位伟大的探险家充满敬意和钦佩之情。

这并非中国官员第一次给道听耳食的外国游客说这些顺耳之言，傅勒铭的记录还得到了远在喀什的类似评论的印证。驻喀什的英国领事克拉蒙特·帕西瓦尔·斯克莱因观察到，当地穆斯林中的探险者自认是觅宝人，也就是废墟挖宝人，他们定期到沙漠中搜寻埋藏的宝藏。他们留下发现的黄金，但会把其他文物，如雕像、书画卷等，都放在一边，就盼望着伊什丁老爷返回到这里。这到底是出于对求知者的尊重，还是给外国考古学家设下的骗局呢？

两种观点都有说得通的地方。一些“趋炎附势之徒”——这是傅勒铭的说法，可能会被斯坦因身上透出的欧洲人的傲慢气质和他笃信佛教的样子弄得目眩神迷——在一个日益离经叛道的环境中，这算是一个可喜的变化。对于当地农民来说，古老的造像和经卷都是毫无价值的垃圾，当地早有传言，有个疯狂的白人男子带着吠犬骑着马，会来城里买一文不值的旧垃圾。在这片被战乱蹂躏了十多年的土地上，当地人可能会有其他优先考虑的事情，几个古老洞穴的所谓遗产价值实在不必挂心。当外国探险家们还在全神贯注于新疆的历史古迹时，这里正处在历史转折点上，转折事件在他们的探险过程中会突然爆发出来，让他们避无可避。

傅勒铭还观察到了在杨增新统治时期，因医疗和教育经费不足所造成的人力成本。他写道，一位外国人如果带着一个旅行药箱来到某些人口聚集区，会受到热烈欢迎，这药箱可发挥的作用简直不亚于一所已经开到城里的设备齐全的医院。他采访过几位忙于争权夺利的军阀，并写道，当他看到一些来自沙漠之外的商品时，让他感到震惊的是在此地居然能见到自己熟悉的东西，这种感觉今天的旅行者也不会陌生：

> 在这里，所有非本地制造的东西背后都有一段历史、一段漫长的旅程，这些东西曾经的拥有者也有着迥异于此地的血统；无论是一件欧洲剪裁的已然磨损的西装，抑或是一个印着遥远城市的某个公司名称的马口铁罐头，你都可以连续几个小时为之编织出浪漫的故事。

杨增新之死意味着中国政府正从东方逐渐贴近新疆，尽管中华民国政府（尤指国民党，他们正为中国的控制权与共产党争斗着）委派的官员到来后，情况变得更糟。金树仁无意中卷入了新疆复杂的地区政治，他没预料到自己的行为会造成什么后果。他任命汉族官员，去管理以前可以选择本民族领导人的村庄，他选派了一名持无神论的公务员，以取代某部落的佛教领袖，却造成了灾难性的结果。

哈密发生农民起义时，金树仁派兵镇压。之前的杨增新虽然残忍，但成功地砍掉了起义领袖的头颅，而金树仁的军队为了替受害的内地来疆定居者复仇，不加分辨地滥杀无辜。这种行为非但没有吓退维吾尔人，反而让他们明白投降毫无意义，激起了他们以死抗争的决心。金树仁试图在新疆树立政府的权威，却为当地人制造了新的口实来做出反击。

## 新疆的“各共和国”

截至1933年，一个潜踪隐迹的反华团体羽翼渐丰，形成了一个名义实体，于11月12日在喀什宣布成立“东突厥斯坦共和国”，或称“东突厥斯坦伊斯兰共和国”，在其发行的第一枚硬币上又印着“维吾尔斯坦共和国”。这些名字彼此混淆，甚至在当时的文件中也是如此，反映出成员之间缺乏共识，其中一些人自认是中华民国的民主党派人士，而另一些人则支持建立一个新的穆斯林酋长国。当时名义上的总统是位霍加，担任过哈密回王的高级官员，但仅仅几个月后，一支由穆斯林组建的军队就赶来推翻了这昙花一现的伊斯兰政权，那所谓的总统也被废黜。这转瞬即逝的“东突厥斯坦共和国”，被现代分裂主义者用到了口号之中，他们认为这是新疆独立的一次失败的尝试。然而，也可将其视为一次利益诉求，对中华民国政府逼宫式的游说之举，它仅是该地区的多个小教派和利益团体之间一次毫无胜算的内讧而已，各派别连一个统一的国名都没法彼此迁就，更不用说在多大程度算得上是“伊斯兰”的政权。米华健[①]在《欧亚十字路口》一书中指出，“东突厥斯坦共和国”的宣言中谈及真主的次数，还不及今天美国总统演说中谈及上帝的次数。记者们对“东突厥斯坦共和国”伊斯兰教的虔诚程度所做的判断，似乎都在于他们自己的感觉，所做的报道彼此大相径庭。

长期以来一直有传言，说“东突”在某种程度上是外国间谍活动和外部势力干预的结果，但“东突”的外国联系范围有限，并无相关的证据。尽管英国驻喀什的领事，

① 米华健，James A. Millward，美国历史学家。

对承诺为外国人提供更自由贸易的“东突”政权持谨慎乐观的态度，但英国政府坚持与中华民国的官方关系，没有给“东突”提供实质性的支持。苏联也未对又一个伊斯兰政权的建立做出热情的反应。

“东突厥斯坦共和国”并不是20世纪30年代唯一一个昙花一现的政权。在当时的混乱局面下还发生了另一个很奇怪的事件，和阗县的毛拉们找到了一位来自伦敦的腌菜师傅的儿子，请他做“伊斯兰斯坦”的国王。伯特伦·谢尔德雷克（1889—1947）是一个40多岁的伦敦人，他和妻子西比尔一起皈依了伊斯兰教。他们今天的名称是哈立德·谢尔德雷克和加兹亚·谢尔德雷克，这对夫妇当时成了国际伊斯兰社会的骨干力量，慈善事业的支持者，他们四处发表演讲，宣称要让世人认同伊斯兰世界，将致力于去除蒙在伊斯兰之上的那层神秘面纱。

哈立德·谢尔德雷克蓄着牙刷头似的胡髭，戴着一顶可笑的土耳其毡帽。他的穆斯林追随者开始对他有了猜疑，他们中的一些人认定他是个受到蒙骗的、喜欢东方文化的富家子，特别是在他做了一些疯狂的事情后，比如在1927年，他试图将《古兰经》翻译为世界语。但是，尽管他确实是一个英国怪人，一个爱吹牛的家伙，但他信仰虔诚，是为穆斯林穷人服务的医生，也是不知疲倦的跨宗教话题的演讲者、多产的撰稿人、勤奋的期刊和文章编辑。尽管他从未去过和阗，对那里可怕的沙尘暴和贫穷的状况知之甚少，但他抓住了这个机会，用他的话来说，他成了“伊斯兰斯坦之王”。他给住在森林山的妻子寄了一封短信，告诉她他们的两个儿子现在是东方王子了，不过他们没有机会接受他授予的新职位。

似乎谢尔德雷克并不是唯一一位被和阗的使节接触的潜在统治者，他们也曾向一位土耳其王子发出过同样的邀请，他刚刚被阿塔土克[①]剥夺了权利。所谓的“和阗酋长国”也没有在20世纪30年代新疆的政治动荡中持续很久，很快就被另一个地方军阀打掉了。然而，谢尔德雷克并未因此偃旗息鼓，尽管他的穆斯林同胞也提醒他，真正的荣耀在天上等待着他去享有，人间的荣誉不足为重。他做了许多演讲，把自己标榜为“伊斯兰斯坦的哈立德国王陛下”。他也从未费心向他的诸多追随者解释，听起来宏伟的和阗酋长国其实只是一片绿洲，历史记录中早有记载，这里曾经是一个独立的国家。谢尔德雷克是要让他的听众相信，他真的代表了新

① 穆斯塔法·凯末尔·阿塔土克（1881—1938），土耳其共和国缔造者，土耳其共和国第一任总统、总理及国民议会议长。

疆数百万穆斯林的心声。但他代表不了。

20世纪30年代在新疆爆发的最后一次分裂主义行动，与以往的完全不同，盛世才（1897—1970）在其中扮演了重要角色。这位将军本应忠于中国政府，但他把新疆变成了苏联附属国，为苏联效力。盛世才似乎相信，等尘埃落定，新疆终将成为苏联的维吾尔斯坦共和国。

盛世才享受着苏联的军事援助，却面临着新疆当地人的抵制，尤其是来自突厥人的反对，他们反对被称为维吾尔人。盛世才将自己安置于重重包围之中，他把机关枪架在官邸之外，每天晚上所有的文件柜都落锁。他一直悄无声息地保持着对苏联的忠诚，但到了20世纪40年代初，他开始相信苏联共产党会垮台。他从来都不是坚持原则之人，他驱逐了苏联顾问，处决了几名在他身边工作的中国共产党党员。在斯大林格勒战役之后，形势已趋明朗，共产党人根本没有陷入困境，盛世才再次对中国国民党翻脸，并寻求斯大林的帮助。斯大林拒绝了他，迫使盛世才只好听命于国民党，民国政府撤掉了他在新疆的职位，转而任命他为中华民国政府的部长。1944年，他带着几十辆满载不义之财的卡车永远离开了新疆。失去了苏联的支持，他别无选择，只能抱上国民党的大腿，因为他绝无可能与正在崛起的中国共产党人交上朋友——在他杀害的共产党人中，有一位是毛主席的兄弟。

盛世才离开新疆之后，他又将很快离开中国大陆，和其他国民党人一起逃往台湾，因为共产党控制了整个中国。在他离开新疆后不久，第二个“东突厥斯坦共和国”[①]宣布成立，这一次是在以伊宁为中心的伊犁河谷，但其纲领内容再次陷入自相矛盾。尽管在初期是要推翻中国统治，建立伊斯兰共和国，但伊犁叛乱者很快就收回了这一说法——似乎是因为整个事件是由苏联人精心策划的，他们刚刚在雅尔塔同意不干涉中国内政。因此，这个原本可能成为苏联傀儡的政权，突然改变了主意，开始与其反抗对象就重新加入中华民国的可能性进行谈判。在接下来的几年里，新疆处在张治中（1895—1969）统治时期，这位国民党人，对维吾尔族的自决有着前所未有的兴趣。他任命了三位有影响的穆斯林人士为顾问，其中一位曾是和阗的埃米尔，张治中在治理新疆时较充分地考虑了本地区的历史与现实情况。截至1946年，

① 有关第二个“东突厥斯坦共和国”的信息，原作立场与信息有较多问题，须批判对待。1944年9月2日，新疆北部尼勒克县乌拉斯台地区人民为反抗中国国民党统治，举行武装暴动。不久，这场暴动发展到伊犁、塔城、阿勒泰地区，史称“三区革命”。新疆三区革命是在中国共产党的影响、支持和全国人民革命斗争的鼓舞下，在新疆各民族进步分子的领导和组织下，以及苏联的援助下爆发的，前后持续五年之久，在曲折中发展壮大，最后汇入全国人民民主革命的洪流，在中国共产党的直接领导下阔步前进。

人们普遍认同，伊犁叛乱者已是中华民国“新疆省”的官方行政机构中的一分子了。

## 中华人民共和国

随着共产党在中国内地取得胜利，伊犁叛乱分子开始就重新整合新疆成为中国的一部分进行谈判。国民党人被劝降，许多人留在这里当了农民。1949 年，伊犁叛军的主要代表，包括一名汉人、一名柯尔克孜人、一名哈萨克人和一名维吾尔人，被邀请参加在北京举行的新政治协商会议，但他们未能抵达①。直到今天，他们失踪的情况仍然是一个有争议的话题。

在“和平解放”进程中，第二个“东突厥斯坦共和国”政府在丧失了主要领导人之后，领导层中的其他人士将控制权让渡给了新疆地方政府。1949 年，中国人民解放军各支队伍逐渐进入新疆，他们不是来打仗的，而是来建立新政府并开展重建工作的。

在 20 世纪 50 年代，新疆地区内部逐渐按照民族来设

---

① 1949 年 8 月 22 日，三区党政军领导阿合买提江、阿巴索夫、伊斯哈克伯克、达列力汗、罗志等从伊宁出发，取道苏联前往北平参加新政治协商会议。1949 年 8 月 27 日，他们所乘坐的苏联飞机在伊尔库茨克外的贝加尔湖地区撞山失事，机上人员全部遇难。

立基层区划。中国共产党不接受设立苏联式“共和国”的做法，而是在文件中谨慎措辞，赋予新疆地州、县以自治权，最后赋予整个新疆以自治权。因此，直到今天，来新疆的旅行者会发现自己不仅置身于中国，还置身于蒙古、哈萨克、柯尔克孜或塔吉克等自治州、县之中。在所有情况下，设置区划的目的，都是以某一特定地区的占人口较高比例的少数民族为代表，虽然人口数量并不总是对应这一要求，而且许多单一民族自治地区一定会有其他民族居住。1955 年 10 月，新疆省更名为新疆维吾尔自治区时，引起了一定程度的不满。非维吾尔族的各民族人士反对，但毛主席坚持认为，不能赋予一个地方自治权，只能赋予一个民族自治权。

中华人民共和国境内的“自治”，是指对少数民族的正式认定，以及对相关宗教和文化活动做出的某些规定，包括在标识语和学校中使用少数民族语言。这往往体现在家庭人口数量上；在鼓励汉族只生一个孩子的地方，通常允许少数民族生两三个孩子。然而，新疆也实施了大规模汉族定居计划，这些计划往往是在新疆生产建设兵团的支持下开展起来的。兵团是一个屯垦性质的实体，主要由复转军人组成，兵团积极参与了人员安置和地区重建工作。

《新疆好》是毛泽东时代最著名的新疆歌曲，到今天也仍然如此。由马寒冰作词，编曲是刘炽——这是他最喜欢的作品。

> 我们新疆好地方啊，
> 天山南北好牧场。
> 戈壁沙滩变良田，
> 积雪融化灌农庄。
> 戈壁沙滩变良田，
> 积雪融化灌农庄。
> 来来来来来来来来来来，
> 我们美丽的田园，
> 我们可爱的家乡。
> ……

这首歌总会出现在中国媒体对新疆的报道中，也肯定会出现在展现维吾尔族文化的现代歌舞表演中。不过，词曲作者是来自陕西和福建的汉族人，他们在 1951 年响应号召，为边疆士兵创作新歌曲。《新疆好》主歌、副歌和中段三位一体，呼吁人们到西部去，列举了所有可用的自然资源，包括铁和煤炭、黄金、甜瓜和葡萄、牛和羊。歌曲带动了每个人，敲着鼓，唱着歌，跳起舞，“各族人民大团结，歌颂领袖毛主席”。

兵团是新疆20世纪历史上最重要的组成部分。这是20世纪50年代时将以前的国民党敌人整合进体制的至关重要的手段，把他们从潜在的危险敌人变成有贡献的农民和劳动者。随着时间的推移，新疆生产建设兵团成了一个重要的实施公共工程、公路建设和农业生产的社会组织，即使它已经不存在与军队的直接联系，新疆生产建设兵团仍然保持着准军事组织的地位。它的非官方口号“一手拿镐，一手拿枪”，巧妙地概括了其屯垦戍边的作用，是防范边境入侵或处置突发事件的民兵组织。在延续历史上各个朝代的安置计划的同时，兵团还把已定罪的罪犯引入屯垦区。截至20世纪60年代，兵团积极招募东部城市人口，派遣官员到以上海为代表的大城市，吸引年轻的爱国志士到西部去。

苏联与中国的关系恶化之后，毛泽东在“大跃进”运动中号召自力更生，推动中国崛起。在“文化大革命”期间，中国陷入了内乱状态，新疆也不例外。为了实现过于乐观的发展目标，伟大的边疆实验在多次征服自然的尝试中失败了。哈萨克族群众把牛群从牧场牵出来后改喂粮食，试图提高肉奶产量，但没有成功。全国对钢铁产量的“大跃进”

导致了许多地方投入熔炉的建设，使各地工作者疏于做好本职工作。这造成了物资短缺和饥荒。许多哈萨克人在境外有亲属，不少人考虑叛逃出境，由此促使新疆生产建设兵团在边境地区建立军事化农场，防止人员外逃。

最荒唐的是，在吐鲁番附近的阿斯塔纳，考古学家们也要提高生产率，以满足不切实际的要求。如何评价考古学家的“生产率”？当然是在发掘古物时来实现生产率的提升，所以阿斯塔纳的挖掘工作以跑断腿的速度推进，文物从埋层面上拔扯出来，用卡车装满运走。这是一场灾难——在考古学中，一件文物的埋藏地点和方式，即使不比文物本身更重要的话，也应是同等重要的。在一种奇怪的抢救式考古挖掘中，经费拮据的研究人员放弃了自己挖掘，而是跟在路边挖沟的施工工人后面翻来刨去的，如同几只海鸥跟在一艘渔船后面捡漏一样。

这当然产生了足够数量的文物，给党的督导人员留下了深刻的印象，但就像“大跃进”时期的许多其他成就一样，这些考古发现质量欠佳——这当然是从考古学角度做出的判断。

新疆也未能幸免于“文化大革命”中最严重的暴行——事实上，民族和宗教分歧往往在中国自乱其身之时加剧局势的紧张。资源的匮乏甚至导致了兵团内部的分裂，干部们为谁是更好的革命者而争论不休，进而导致了对战略要地和粮食储备的公开争夺。

1976 年之后，新疆一直在拨乱反正，努力振兴。周恩来在 1957 年所做的一次讲话就是试金石，他呼吁新疆人民抗击“地方民族主义”（历史上从未停息的抱怨）和“大汉族主义”的双重危险。正是因为点到了后者，周恩来在该地区备受各族群众的爱戴——他们真的为他建立了雕像，因为他敢于指出人民有自己的见解。周恩来指出，汉人的方式并不总是最好的，当地人民像崇敬当地的英雄人物一般崇敬周恩来，他为关于新疆未来的辩论提供了试金石。

## 到底是谁的歌?

王洛宾（1913—1996）就是一个很好的例子。中国人非常尊敬他，他的面孔和标志性的牛仔帽与他一生创作的歌曲是自然联系在一起的，这些歌曲的灵感来自地方音乐传统。但他在晚年陷入了一场“到底是谁的音乐”的争议事件，特别是当他要求一位流行音乐家给他支付演出版税时，因为该音乐家演出了他的几首代表性歌曲。这进而引发了几场关于侵权和专属权的辩论。在每一节车厢、每一部自然纪录片和每一个机场的背景中，都能听到他那些耳熟能详的曲调，而王洛宾真的是这些曲调的“作者”吗？还是他盗用了那些并非真正属于自己的民歌并加以商品化？他最流行的作品，如《达坂城的姑娘》（1938年），到底表明了什么样的中国文化态度呢？是要展现一位中国男子对一个维吾尔族女孩的觊觎吗？一方代表着积极、父权、专横霸道的力量，而另一方是被动、被欺凌的吗？

王洛宾自己也辩解说，世界上的音乐资料库中有成千上万的民族音乐磁带，但没有一盘是名列榜首的。正是像他这样的改编者，精心挑选并细致打磨这些宝石，改编者们把歌曲的异域风情和接受度改编到合适的程度，把它们带给大众，才造就了这些热门歌曲。

人种音乐学家蕾切尔·哈里斯在她对王洛宾的研究中指出，在各方争执之下，事情变得更加复杂，结论是，谁也占据不了道德的制高点。20世纪20年代，臭名昭著的古迹掠夺者阿尔伯特·冯·勒·科克也曾在吐鲁番收集歌曲。他在吐鲁番给一个16岁的女孩唱的一首歌录了音，这首歌的档案名称是《达坂城情歌》，歌词是用维吾尔语写的，与王洛宾的中文歌词内容非常接近，所以这两位搜集的就是相同的一首歌。深入探究之后发现，情况又完全不同了（不过他们的相同点是都迷恋维吾尔女子)。关于这首歌的背景起源出现了问题，据勒·科克的解释，这是一首关于阿古柏的队伍中一位原教旨主义战士与本地女孩之间注定无缘的爱情宣言，这些穆斯林分裂分子随后在19世纪70年代被中国军队击溃。这个发现意味着这首歌的起源比王洛宾的版本早了60年，但也表明这首歌与穆斯林叛乱的故事有着密切的联系。有人认为，唯一能确定这一点的方法，可能就是从柏林心理研究所挖出勒·科克的那台古老的留声机，不过该建筑在二战中已被英国皇家空军夷为平地了。

“民间音乐”在中国随处可见。从北京到香港，任何一家唱片店肯定都会有三碟装新疆热门歌曲或西藏曲目的唱片，封面上通常是穿着民族服装的窈窕超模。要想签下唱片合同，似乎最快的途径就是找一个像羌族或哈萨克族这样的少数民族美女，她们可以在选秀节目中出场，完成一定数量的民族歌曲演唱。在售的新唱片中，有一半的名称似乎是“西藏这个”和“草原那个”，这表明大城市的雅皮士和学生对偏远地方的民间音乐有着浓厚的兴趣。然而，许多人老调重弹，把它们重新定位为“红色音乐”，为党服务——甚至连20世纪50年代让毛主席激动不已的赞歌《东方红》，一开始也只是一首陕西农家女孩的民谣，讲的是一个兄弟在宴会上不告而别。

王洛宾的作品是流行音乐的杰作，虽然许多作品被视作对既有民歌的整理和翻译，但他的作品非常出色。后来维吾尔族歌曲现代化和普及的尝试，往往演变成了欧洲流行模式的套路——敷衍的音阶变化再加上现代合成乐器。另一些人模仿王洛宾的中庸风格，成功地将旧时的节奏和旋律引入现代流行音乐，但这些作品只是作为大杂烩合辑的其中几首而已。如果你想在北京或香港的唱片店里购买一张只收录新疆艺术家吴作宝或克里木等人歌曲的专辑，店员要么说没有，要么随便给你推荐个专辑，说着“这就是我说的沙漠音乐”。在乌鲁木齐和喀什的集市上出售的当地音乐家刻录制作的、听起来未经艺术加工的唱片，可能是你能找到的最接近真实的作品。值得注意的是，这些“未被宠坏”的本地艺术家中，很多人仍然在翻唱王洛宾的一些热门歌曲。

# 第八章
# 丝路今朝

红山公园之名，源于今天乌鲁木齐的最高点上二叠纪沙砾岩质的深红色山体。公园里有唐朝建设的玉皇庙和蒙古征战时期留下的镇龙宝塔。游客们打着遮阳伞，懒洋洋地倚在阳台上，俯瞰着郁郁葱葱的森林，也可看到附近游乐场里的摩天轮。公园脚下的这座城市，夹在红山和附近的雅玛里克山（妖魔山）之间的狭窄地带——据当地传说，这两座山是一条被打败的神龙的尸体，砍杀神龙的宝剑变成了山间的河谷。

红山和雅玛里克山林木繁盛，这里有着完全现代化的美妙景致，而60年前两山还只是童山秃岭。以森林绿化城市两侧的山体，完全是人民与政府努力的成果，自20世纪50年代以来，新疆一直致力于把沙漠地区转变为更适宜居住的地方。

在红山山顶附近立着一个官员的雕像。他身上穿着一件长长的学者袍，站姿给人的感觉是他的一只脚要从基座上抬起。他看上去严肃而深思熟虑，山羊胡稀疏地垂在胸前。他前额的头发被剃得很干净，头发在背上扎成一个长长的辫子，这表明他是清朝人，清朝所有臣民都必须蓄发来表达忠诚。

他是林则徐（1785—1850），一位政府官员，在他的家乡福建和纽约唐人街也有他的雕像。他的铜像矗立在纽约且林士果广场的中央，他背着双手，凝视着现代化的摩天大楼。英语世界的人民熟悉他，是因为他打击英国毒贩，1839年，他没收了数吨非法鸦片，引发了鸦片战争。在他给维多利亚女王的公开信中，谴责她放任臣民从事这样的犯罪行为，信件也发表在了《泰晤士报》上。他于6月26日[①]开始将没收的鸦片倾倒在香港附近海域，销烟过程漫长，自

① 虎门销烟于1839年6月3日开始，销烟过程持续了23天，于6月26日结束。

1987 年起，这一天被联合国定为国际禁毒日。

这并不是乌鲁木齐为他竖立雕像的原因。在新疆，人们之所以怀念他，是因为鸦片战争令人尴尬的后果。当时，他勇于对抗帝国主义，却败在清政府内部的皇亲国戚和腐败高官之手。他被削去官职，像许多失败的官员、麻烦缠身的王子和持不同政见的作家一样，被发配边塞，遣戍至伊犁，在那里当了几年地方官[①]。

作为一名管理者，他一直满怀热情地接受新命令，并推动了一系列大胆的土地复垦和水利灌溉建设项目。在现代乌鲁木齐，尽管林则徐当年只是途经这里，但他仍是这座城市的骄傲。因为他是著名历史人物，为人善良，一心只为地方百姓谋福祉，他倡导推动建设改善民生的项目，勇敢地对抗旧中国的两大敌人——封建王朝体制和外国侵略者。表情刚毅的林则徐俯瞰着现代化的乌鲁木齐，这是有着多元文化的城市，林木繁茂，而曾经这里只是大风吹袭的荒土野岭。

林则徐正是中国政府想要的新疆的优秀代表——清廉、无畏、忠诚、勤劳。尽管他在共产主义军队到来前一个世纪就已去世，但林则徐就是他们努力变革的先驱。

---

① 1842 年 12 月至 1845 年 12 月，林则徐在贬戍新疆伊犁期间，主要是辅佐伊犁将军布彦泰，在伊犁、吐鲁番等地兴修水利，推动农灌设施建设，升级改造坎儿井。

数以百万计的中国人涌向东部城市追寻财富，新疆的居民也不例外。即使没有官方许可，他们也加入了未经批准的移民行列，成为街头的烤肉小贩和切糕摊主，成了厨师或临时工。当然，人们从自己的民族文化中心地带离开，对新疆文化本身构成了威胁，尤其是当新疆的旅游价值出现令人诧异的两极分化时：游客是受欢迎的，只要他们喜欢旋转的舞蹈和亮闪闪的丝绸；但想去更偏远的地方旅行，就会受到限制，部分是官方原因，但主要是新疆地广人稀，某些自然条件差的地方，交通运输仍有不足，有些地方会说普通话的服务人员数量不够，而且粗心的旅客容易迷失方向，误入茫茫沙漠或有放射性的核爆实验场旧址。

## 生态和侵蚀

沙漠的面积正在扩大。数千年前，罗布泊人在湖滨建立了自己的村庄。从那时到今天的几千年来，可能有过几次极冷期，但世界仍然在变暖，今天中国高山的积雪面积正在迅速减小。如果全球变暖趋势不停止，到 2050 年中国将失去三分之二的冰川，到 2100 年冰川将彻底消失。这将切断滋养新疆地区的所有水源，塔克拉玛干沙漠的面积将进一步扩大。塔克拉玛干沙漠覆盖着众多废墟遗址，届时沙化面积将远远超出目前的边界。丝路沿线区域历史悠久，这些区域还将扮演一个新的、充满灾难意味的角色，让我们看到在这个资源匮乏、干旱的世界上，其他许多国家的未来可能会是什么样子。

自20世纪50年代以来，中国的宣传基调一直与《新疆好》这首歌的内涵一致，即绿色的牧场和富饶的耕地在新边疆等待着新的开拓者。但这只是部分正确。与其他沙漠地区一样，新疆也是一个脆弱的生态系统。它在历史上的大部分时间里人口稀少，部分原因是这块土地缺乏吸引力，也有部分原因是它的人口处于平衡状态。20世纪的大量开拓者开辟了新的土地，开垦出了大片的灌溉农业用地，但在此过程中，他们破坏了已经存在了数个世纪的土壤内部的有机结构。巨大的红柳根系，曾经把脆弱的粉性土壤固定在原地，被拖拉机拽出拖走了，为农作物种植开辟出了短暂可用的平坦土地，但这些耕地后来却成了一场前所未有的沙尘暴策源地。新疆一直饱受黑沙暴的困扰，它曾让马可·波罗胆寒，但现在却更为频繁，而且影响范围更广。在最近的记忆中，和田每三天就有两天被令人窒息的沙尘暴包围，如此持续了一整年。在相隔不远的戈壁沙漠，由于类似的土地开垦活动，厚厚的红色沙尘已经吹到了北京，远观之下，北京如在火星上，苍白的太阳在沙尘中隐约可见。

新疆的设计初衷并不是为了养活这么多人口。人口的增加——汉族的垦荒者，当地的维吾尔人、哈萨克人、柯尔克孜人，还有数量剧增的成群的牛羊，都持续地给用水供给造成了沉重负担，现在的水井钻井深度常须达到以往的三倍之多。

在中国，用这个或那个语言表达的地名来暗指历史上消失的湖泊、幽灵河或被掩埋的废墟并不罕见。如今在新疆，常可见到现代标识中的名称，指代的是已经消失的牧场，或已不复存在的森林。曾经在昆仑山北麓连片存在的白杨树已经消失了。梭梭树（*Haloxylon ammodendron*）是新疆多地最常见的“树木”之一，这是一种耐寒的中亚灌木，曾经覆盖了天山以北伊犁河谷的大片地区。但这种树脂质、多木节的木材通常是哈萨克人和拓荒者唯一可用的燃料，伊犁地区的大部分梭梭树都被砍伐了。政府现在正迫切地转变这一状况，在贫瘠的地区重新种植梭梭树，以固定地表土壤，逆转沙漠的扩张趋势。

绿洲是一种微妙的平衡。新疆并没有准备好迎接像石河子这样的全新城市。“文化大革命”时期宣传的利用科学技术，苦干加巧干就能战胜自然，也没能让这里比过去养活更多的奶牛。这样的努力和工农业的发展分流了曾经流向别处的水。湖泊水位已经从历史高度下降，湖泊面积还在进一步萎缩。山坡上的林木线在逐步退却。曾经在沙漠边缘滋养灌溉了沼泽和湿地的河流，现在已无法到达如此遥远的地方。令人难以置信的吐鲁番坎儿井系统已经成为一个受保护的对象，部分原因是，现在只有三分之一的隧道可以输水——据估计，到 2030 年，所有这些坎儿井都将干涸。尽管 20 世纪中叶农业取得了惊人的成就，但五分之一的新开垦耕地已经被沙漠重新覆盖。

中国人仍然毫不畏惧。在这个从不畏惧巨大的超级工程的国家，多方位改造新疆的努力正在进行中。在乌鲁木齐附近的达坂城，探险家们曾经抱怨道，“亚洲所有的风”似乎都汇聚在天山峡谷中呼啸着吹袭而过，今天，标志性的风力涡轮机利用风力发电。新疆各地方政府持续开发太阳能的潜力，他们相信新疆灼热的阳光也可以转化为一种有益的能量，尽管众所周知，太阳能电池板容易受到灰尘和沙子的损害，而这里尤其如此。地质学家们在 2003 年的发现让他们激动不已，塔克拉玛干许多消失的河流根本没有蒸发，而是沉入地表之下，形成了一个巨大的地下湖。这一含水层肯定会得到开发，但这仍然是有限的资源。

关于水资源工程计划的讨论令人担忧，这些计划让人联想起苏联曾做过的灾难性尝试。中国官员建议修建一条近100公里长的超级坎儿井——一条地下运河，将一整条河流引到该地区，以创造新的繁荣。还有两位官员甚至提出了一个极其危险的想法，那就是在青藏高原上，利用核武器修建一条800公里长的输水通道。

目前的计划不那么疯狂，但可能引起国际纠纷。当中国工程师在黄河或长江上进行大规模的宏观水文研究时，比如著名的三峡大坝，媒体关注的重点仅仅是对中国造成的各种影响。但新疆与相邻国家接壤，中国的举措面临着外国的密切关注。天山以北的额尔齐斯河引水计划，中国利用这些水资源可能浇灌出新的牧场，但也会降低哈萨克斯坦和俄罗斯的水位，因为额尔齐斯河最终要流入这两个国家。伊犁河流经天山以北的地区——伊犁河谷其名即源于这条河流，它流出中国后注入哈萨克斯坦的巴尔喀什湖。这个湖泊目前正在萎缩，部分原因是中国重新分配了上游水资源。

地方建设项目也可能会造成一些影响。在甘肃，现在可以乘船从兰州[①]到炳灵寺石窟，这里建造的一座大坝形成

① 原文信息有误，从兰州乘船不可能沿着黄河直达炳灵寺石窟，文中提到的水库是刘家峡水库，位于甘肃省临夏回族自治州的永靖县。要前往炳灵寺石窟，乘船起始地点位于永靖县境内。

了一个新的湖泊。但是这种行船的便利被其他不良影响抵消了。1970 年，“东方红”水电大坝为新疆北部地区提供了水电保障，同时也提高了附近河流的水位。水位上涨却威胁到了库木吐喇石窟，该石窟已完好无损地保存了数百年。库木吐喇石窟现在是重点文物保护单位，但这意味着不能对游客开放了。

## 宗教和民族

中国文化和穆斯林文化相互融合的地区仍然很难找到。即便像许多当地人一样，所居住的地方既有中国文化又有穆斯林文化，但谁都不能完全无视这两种文化。而在新疆，总是有来自遥远沙漠的宗教召唤——伊斯兰的兄弟们需要慈善捐助或需要援助以打击土匪，有些争端需要用伊斯兰教法来解决，而不是使用中国的法律手段。世俗生活和物质繁荣往往诱使个人不去潜心问教，由此导致穷人和一无所有的人、社会底层人士和没受过教育的人更受这种信仰的青睐。中国的穆斯林与远山之外的乌兹别克斯坦、阿富汗和巴基斯坦有亲戚关系和商业联系，而政府对这种联系会有所警觉。

当然，这种担忧并非仅是针对穆斯林信仰的。天主教徒对遥远的教皇的忠诚，新教徒和外国间谍之间的联系，或者某些佛教领袖对他们的中国信众的影响，都会引发类似的怀疑。伊斯兰教的不同之处在于，它把新疆穆斯林的信仰、住所和家庭紧密地结合在一起。今天，曾经互相争斗的多个部落和民族的后代因伊斯兰教而团结在了一起。多年来，中国一直在向世界展示着它完整一体的文化，展示着自身文化的内涵和底蕴，并高度颂扬汉文化。然而，在我的人生当中，“政治正确”对此概念已经造成了冲击——我的中文老师最初说教我学汉语，但现在这个词已经完全被“普通话”或“中文”取代。这个改变反映出中国人越来越意识到多样性应予以尊重。

尽管如此，中国人的身份证仍然明确了，在持证人中，九成人口是汉族，大约一亿人是少数民族。少数民族中有许多人聚居在中国西部。他们之所以需要这样做，主要是因为某些少数民族获得了一些汉族人得不到的特殊安排，例如，税费减免或允许生育孩子的数量，但有些人认为，这样做只是把少数民族描绘成了“其他人”。现代决策者建议，解决这一问题的办法是废除所有民族差别。把民族一栏从身份证上撤下来，取消所有对少数民族的特殊安排，以此表明，从今往后，每个人都是中国人。但这并不能带来人与人之间的大同；这样做只是否认差异的存在。

## 旅游和传统

随着中国越来越重视遗产保护，许多少数民族文化也相应受益。特别是对于那些进行着一生一次旅游的游客来说，亚文化和非汉族的因素可能具有巨大的吸引力。这些仅占中国人口一成的人，创造了完整的工艺美术品世界，为游客带来了丰富多彩的旅游纪念品——穆斯林帽、西藏手袋、哈萨克地毯、色彩鲜艳的羌族服饰……这些物品让游客感受到了别样的身份地位；你看到的不仅仅是长城和故宫。

少数民族人士自己对此也有复杂的感受。这种关注并不一定能保护和支持当地文化，反而会使当地文化狂欢化并遭受贬低。如今在喀什大学学习信息技术的新疆年轻人，不一定想一辈子都卖地毯。他想要和其他中国男孩有一样的机会去大城市，穿着雨果博斯品牌的时装听着披头士音乐。他所继承的文化或许让他能养家糊口，但也有可能成为一种新的限制。当他告诉别人他来自新疆时，他最不愿意听到的就是对方不着调地哼起了《新疆好》这首歌，还问他会不会跳民族舞。在中国媒体上，一个接一个的电视选秀节目里最容易见到少数民族演员，你可以肯定，其中总少不了藏族歌曲和新疆舞蹈。

现在管理中国文物旅游景点的这一代人是几十年来第一批有机会出国留学的人——以前只有科学家和工程师才有机会。今天这些旅游景点的管理者们拥有美国或欧洲艺术史和博物馆学的研究生学位，他们已经学会了许多营销技巧。如今，中国许多著名景点都被左弯右绕的宽阔大道所包围，这些道路起始于距离核心文物 1600 多米远的地方，这种刻意的设计是让已入瓮中的游客进入一种敛心思考、温顺的状态，随时准备为无数的小吃和纪念品掏腰包。

陕西的楼观台很容易被无意走过的路人误认为是一座普通寺庙，但进入景区后长达 1600 多米的雕像和各类艺术品的前端展示区却在微妙地低语着楼观台在中国历史上的地位，希望游客们能欣赏到此处的重要性——伟大的圣人老子在这里写下了古代经典《道德经》。至少，景区设计看起来是有此想法的。游客也有机会从众多游走的小贩那里买烤鱿鱼串、蜘蛛侠面具和塑料枪，这些却很难让人感受到这里是尊古仰圣之地。

从某种程度上而言，这样的建筑是冗余型规划的体现，依此规划，许多空空荡荡的大型购物中心已经建起，中国的中产阶级正在成长，未来将有数亿人涌入这里，届时就需要做好人流量管理了。事实上，据中国人口统计学家估计，到2022年，中国富裕人口预计将达到6亿。近年来，中国政府在政策和宣传方面出现了令人难以置信的转变。中国政府意识到，只要能鼓励刚刚富裕起来的公民在国内休几天假，而不是把钱都花在哈罗德百货之类的境外消费地，就能创造巨额财富和税收。这种“境内度假”，受益的是一个和大洲面积相当的大国。为了鼓励人们在公共假期安排度假，政府创建了“黄金周”，有了这额外的几天假期，就连最勤奋的工作狂也可以开启一次为期一周的旅行。去哪里呢？去一个古都吧，比如洛阳或西安。许多一类景区，如龙门石窟或兵马俑，门票价格都超出了普通中国人的承受能力，但不久以后他们就不会觉得贵了。但这些长长的户外前端展示区，这些体验式的中庭，也是为了告诉游客，他们所为何来。对于许多外国游客来说，尤其是那些不了解中国历史背景或没有读过中国历史的人来说，他们普遍缺乏自信和兴趣，每每看到画栋飞甍的古建筑，闻到庙堂弥漫的燃香气味，就有一种格格不入的感觉。这座寺庙有什么重要的？这个雕像呢？这类游客需要的是娱乐。他们需要被人牵着手走入历史长河，要让历史活起来，让历史来说话，不然游客们可能会变得闷闷不乐，觉得无聊。为了服务好这样的游客，中国旅游景点的现代化扩建需要实现春风化雨般的教育目的。

## 历史和遗产

因为不少有关新疆的英文著作采用了解构主义的方法，就中国历史和民族问题的一些表面现象做文章，所以其中很少有人承认，汉族文化是当地文化遗产的重要组成部分。伊犁河谷的哈萨克人，他们的家园建立在埋葬着成千上万的准噶尔人尸骨的土地之上，谁敢说他们就比新来的汉族定居者更应占据道德高地呢？吐鲁番维吾尔人的葡萄园从大地中汲取营养，这片土地埋葬着已被遗忘的吐火罗人、波斯人和印度人，这位维吾尔人能否理直气壮地抱怨“他承袭的遗产”受到了威胁呢？新疆地处多种文化的交汇点，也许每个人真正可以理直气壮说的，是自己来自其他某个地方。

新疆的遗产问题是一个棘手的政治问题。俄罗斯、乌兹别克斯坦和印度令人不安地近在咫尺。如果你对文化和历史挖掘得太深，跨国关系和揭露出来的真相可能是难以接受的。有人给新疆政治做出了一种幸运饼干式的狭隘定义，说它是中国和穆斯林之间的一种令人不安的混合体。虽然某些居民和现代激进主义者能认可这种说法，但这种非黑即白的对立思维，强加于这个有着十多个少数民族，数个民族自治州、县的广大区域，完全无视本地区自身拥有的独特遗产，无视有着巨大影响、深厚内涵的早期历史文化，尤其武断地说汉族在近现代有数百万人来到新疆，却无视数千年来汉人一直来往于此地。新疆成千上万的穆斯林实际上是汉人的后裔。新疆成千上万的维吾尔人早已有了世俗化的转变，他们更乐意认同汉族而非自己的维吾尔族身份。

中国的编年史将中亚地区连续几段历史时期的占领者都归属于“狄戎蛮人”一类的记录之中，这样的处理掩盖了该地区曾经处在印度和吐蕃帝国统治之下的历史。伊斯兰文化是过去一千年间该地区遗产的组成部分，但它的到来相对较“晚”。早于它数千年来到此地的，是中国商人和定居者，他们承袭了丰富的印度文化，而印度文化又长期影响着中亚地区。中国人最早借由突厥人、大夏人、粟特人以及其他游牧民族获得了印度文化，而要挖掘其他游牧民族的历史就难得多了。丝绸之路的文化构成，恰如丝路上最著名的商品——挂毯，它由一系列复杂而多彩的点和线组成，它们构成的整体画面远远大于各组成部分之和。

例如，一些游客惊讶地发现，在一个被认为是“穆斯林”聚居区的地区居然有酒，在哈萨克人聚居的伊犁地区有许多啤酒厂和酿酒厂。与此同时，在距离新疆数百英里以外、被认为是世俗化的城市西安，这里不仅有十二座信徒做礼拜的清真寺、一条生意兴隆的回民街，而且在熙熙攘攘的长安路背后，还有一个完整的穆斯林的社区。换句话说，事情远没有许多评论家让你相信的那么简单，无论这些言论是针对分离主义者、激进分子、共产党、穆斯林还是非穆斯林而做的。正如贾斯汀·乔恩·卢德森在其著作《绿洲身份》中所指出的，新疆的过去和现在都是文化大熔炉，很难就其遗产的任何方面达成共识，即使是在那些被认为有着相同信仰或同属一族的人群当中也很难达成。此外，正如布莱恩·卡特曼在《龙踵之下》中所指出的，将导致犯罪和贫困的社会不平等归咎于伊斯兰教，往往是本末倒置。

遗产是扎在已经死去的蝴蝶身上的一枚别针，这是堂吉诃德式的尝试，目的是要在时光中保留一个仅仅偶然相关的时刻。试着选一个时刻保留下来吧。是红头发的吐火罗人凝视已经干涸的大湖那个时刻吗？是中世纪享誉整个沙漠地区的龟兹舞女，跳着天竺特色舞蹈的那个时刻吗？是虔诚的造像师傅颇为踌躇地做出第一个佛像那个时刻吗？是这个造像被专业艺术家们大量复制成成千上万件艺术品的时刻吗？是这些造像被破坏者污损和打碎的时刻吗？是洞窟壁画被欧洲考古学家从墙上铲砍下来的那个时刻吗？还是在今天，因获得富有的佛教资助者的支持，已损毁的作品得以重新创造出来的时刻呢？

类似的问题困扰着工美创作和工艺品制作，丝绸、玉石、地毯和其他老时代的手工行业，现在却任由现代品位和技术手段的摆布。中国政府尽其所能改变这一现状，例如，为了支撑桑皮纸这一老产业，政府出资买下所有造纸厂卖不出去的桑皮纸。这一切都很好，但桑树皮来料很难获得，也很难加工，消费者普遍不喜欢用桑皮纸；但是，如果购买美国办公废纸后再制纸，反而更容易获利。当光滑无瑕疵的纸张在街角的商店都能买到时，新疆的造纸厂正在放弃桑树，转而种植利润更高的核桃树，这有何奇怪呢？当骆驼鞍已没有市场需求，鞍子上面铺的毡毯也成了明日黄花，新疆的毛毡制造商们开始生产假冒的北面牌手套和哥伦比亚牌羊毛夹克，这令人惊讶吗？

玉曾经具有的神秘的价值，已今非昔比。不过需求并没有减少；事实上，玉石在中国新兴中产阶级的新富人群中仍备受青睐。以往玉石选材、精加工和分销都属于手工业，但日益精进的现代加工业已可满足市场需求。玉石的神秘之处主要在于它神秘的硬度——以往除了使用不同的玉石来切割玉石[1]，很难用别的材料来切割或加工玉石。但现在全部工序都用机器来完成了，使得老工匠失业，年轻人不愿意学习这门手艺。而且它在市场上与许多较低端、较便宜的软玉竞争，其中有些可能是经过化学漂染或是用聚合物制成的伪劣产品。

你仍然可以在和田河床上筛出玉石，但这显然是让游客参与的体验项目而已。附近的大型机械挖掘机在翻挖更大的石块，以工业化手段产出数量大价值高的和田玉，但对地形地面破坏严重。

丝绸的情况不太一样。今天大约有 35 个国家生产丝绸，中国丝绸生产仍然普遍保留着老方法，但也存在其他问题。丝绸纺织已经工业化，但并不是所有的丝绸都能与传说中的古代绫罗绸缎相媲美。柞蚕体型比普通桑蚕更大，能够产出更结实、更持久的丝绸，但选用柞蚕丝是有代价的。这

① 原文信息有误，中国传统手工跎碾制作的玉器是古玉鉴定的主要标准，没有以玉攻玉的说法。“他山之石，可以攻玉”源于《诗·小雅·鹤鸣》，表面的意思是说，别的山上的石头可以作为砺石，用来琢磨玉器。《朱熹集传》特别强调：“两玉相磨不可以成器，以石磨之，然后玉之为器，得以成焉。”到了清朝时，形成了完整的十二道手工工艺流程。第一步是加工解玉砂，一般选用硬度较高的石砂，捣碎后洗净分级筛选。第二步是开璞玉，玉工用钢丝锯子削除玉石外表的石质部分。由于钢丝硬度往往低于玉石，因此，在剖开过程中，必须不断添加解玉砂。这两个步骤符合成语中说的“他山之石，可以攻玉”。其后的扎锅、冲锅、磨锅、掏膛、打钻、上花等步骤，都需要借助钢制工具。

种丝染色效果不太好，而且纺出来的线也不太均匀。世界上80%的柞蚕丝产自中国，但这使许多观察人士对丝绸本质的判断大打折扣。

政治也在现代考古学的后勤保障中凸显其作用。在城市中，数千年的人类生活使保护性考古成为常态，而不是例外。随便在什么地方挖个洞，你都会碰到古物——周朝的三足樽、汉代的马、唐代的陶瓷。熟悉会滋生轻视，而且很难断定确切的界限在哪里。我们是保存中世纪时期的清真寺，还是保存清真寺脚下那公元10世纪之前的佛教寺庙残迹？甚至，这座清真寺在20世纪40年代改作革命指挥部，是要保存这个状态吗？

20世纪50年代，在北京郊外的明十三陵，发生了一场灾难性的发掘，中国考古工作者将价值连城的丝绸文物倾倒在潮湿的棚子里，任其腐烂。“文化大革命”期间，狂热的红卫兵把万历皇帝和皇后的尸体拖出陵寝烧掉，这更是雪上加霜啊。可以理解，这几起事件导致考古学家在处理重要遗址时，会产生胆怯之心。聪明的当代中国考古学家知道，在任何遗址的中心寻找待挖掘的宝藏时，都不能手忙脚乱。无论他发现了什么文物，都会在接下来的发掘中逐步深入。选择在郊区进行考古挖掘要明智得多——最好是在领导和资助机构面前承诺会有更大的发现。这不是欺诈或骗子的行为；这是合理且理性地运用博弈论和市场营销手法。兵马俑遗址是一个充满活力的，还有很多考古内容的遗址，尚有600多个考古坑有待探查发掘。但是秦始皇的陵墓仍然未被打开探查——想象一下，如果发现它是空的，会多么令人失望。

同样，武则天的陵墓也未被挖掘。历史学家们对内部情况看法不一。她墓前的无字碑可能意味着，埋葬她的那些亲属充满恨意，可能在墓葬中没有放任何随葬品。但也有可能，出于对往生者诅咒的恐惧，亲属们会为她修造出丝绸之路上最奢华的墓葬。

在20世纪和21世纪之交，西安市政府批准买下并清理了城市东北部的一大片土地。这里原来有一个疗养院，有破旧的公寓和街角的商店，现在建起了一个公园，面积是庞贝古城的两倍。这就是复建的大明宫，唐朝共出现过21位统治者，其中有17位曾经以大明宫为皇宫。

如今，它是公园里的公园——外部园区林木繁茂，建有多条通道，免费对外开放；内部园区需要付费进入，里面有一些历史遗迹，代表着曾经的世界中心、丝绸之路的起止点。

大明宫是现代博物馆学中一个引人入胜的项目。西安以极大的胆略和充分的理由提出，不仅要把这座城市建设成世界游客中国之行的一站，而且是唯一值得一游的目的地。旅游团花一天时间来参观兵马俑，为了让游客在这个城市多停留一些时间，西安在重要古迹的修缮建设上投入大量资金，大明宫就是例证，当地在认真考虑如何重现历史的辉煌。现代考古学政策坚持修旧如旧，而不是新建仿古建筑，尽管在中国，这两种做法同时存在。大明宫高耸的城门楼是现代复制品，内部空空如也，就建在原城门的周围，从大明宫内的陈列馆可以看到相关介绍。因此，它既是一座博物馆也是一个重新建起的仿古建筑，既保护了真正的文物又提供了真实的语境，让关心大明宫的人们明白重建的意义。

当整个宫城都按西安这样的做法，拆解、装箱并迁至他址，那么中国历史上留存下来的原始建筑如此之少，也就不足为奇了。游客跨越千山万水而来，就想看看古老的宫殿和传说中的城堡，但最终只能在令人失望的山丘上结束旅行，这样的情况太多了。但大明宫的设计师们明白这一点，迄今为止，他们想出了许多方式方法让历史重现，完全不同于今天西方的旅游景点，只是设计了一些无趣的互动而已。大明宫游客中心会播放景区宣传片，景区内建有陶瓷博物馆，有复原的遗址考古挖掘现场。这里有重建的城门楼，前方是一个巨大的阅兵场，面积堪比天安门广场，偶尔会有身穿金色盔甲、身材不高的宫殿侍卫列队穿过这里，队伍后面跟着且行且舞的宫廷女郎，然后是壮实的鼓手们敲着鼓行进而过，让那些刚好路过的游客看得着了迷。当游客从曾经支撑着宏伟宫殿的基座残迹旁走过时，大明宫多处点缀着类似的基座的遗址，让人遥想当年这里曾经的辉煌壮阔。这里陈列着一个全盛时期大明宫的微缩版，占地面积接近一个足球场，做工精细，甚至连内庭里精致的盆景树都制作得细致入微。景区内有重要历史人物的雕像，也有宫廷舞女和佛教代表人物的形象，在陈列展示区介绍了在深宫内苑经历过的重大历史时刻、产生过的历史性决定。

在公园的东区，挨着购物小吃一条街，摆放着一件最能唤起人们回忆的艺术品，一尊没有骑手的铜马塑像，无精打采地在湖边啃食着地上的草。走近仔细看，你会发现它周围摆放着一圈小雕像，它们展现着破碎的剑刃和废弃的屐履。这是一种留白式的艺术表现——公元 905 年，一位篡权者下令毁废都城长安，迁都洛阳。这是一尊唐代末年的雕像，自那时起，大明宫瓦砾遍地，杂草丛生。

我们生活在商业文化中，经常借由中间人去体验丝绸之路的故事，他们也夹带着些私货要推销给我们。不可避免地，这意味着许多颇为流行的关于丝绸之路的描述都聚焦于贸易和大宗商品。瓦莱丽·汉森很武断地认为，在世界历史上，丝绸之路可能是旅行者数量最少、收益率最低的贸易路线之一，贸易品类单一，主要集中于纪念品：壁炉台上的骆驼雕像、给未婚姨妈的羊绒披肩，或挂在墙上的中国画——外国人常常见到的只是这类商品，就没什么做贸易的念头了。

众多历史学家在总结丝绸之路的重要性时，表达迥异。有人视其为至关重要的、改变世界的通道，它连接了各个民族，连接了各种思想，连接了彼此截然不同的欧洲、伊斯兰世界和中国；有人视其为传播宗教的路径，传播导致灾难的细菌和病毒的路径，传播划时代发明创造的路径，逃难者往返于丝路之上，它也是汇聚了整个人类基因库的路径。但是，丝绸之路如果没有可看之物或可去之处，游客们所为何来？我们可以在古墓、博物馆和仿古建筑之中看到历史文物，但丝绸之路真正的宝藏是已逝去的人们，他们绝大多数都不是商人，而是农民和牧民、工匠、儿子和女儿、僧侣和战士。要想完全体验丝绸之路，需要的远不止是礼品店里的冰箱门贴——把陕西饦饦馍掰成小块，放进羊肉汤里；在喀什清真寺外聆听宣礼祈祷的召唤；当你挣扎着登上通往佛窟的一级又一级的台阶时，感受你小腿的隐隐疼痛；闻闻空气中飘忽的沙尘的味道，哪怕是在一个现代城市里。只有这样做了，你的纪念品才真正具备了纪念的价值，提醒你所拥有的那些真切的记忆。

丝绸之路有着不可否认的浪漫，但你愿意住在那里吗？沙子无处不在，粗粝的沙粒像饼干屑一样大小，细小的微尘像滑石粉一样飘忽弥漫。黑沙暴肆虐之下，一切都逃不开它所造成的污损与磨蚀。新城市里那些闪闪发光的高楼大厦转瞬间就涂上了一层褐色，变得暗淡无光。新建好的清真寺和寺庙外表上明亮的瓷砖也难逃蒙尘之苦。丝绸之路上的生活是一场从未停歇的西西弗斯式的斗争，就像在敦煌一样，人们时时都在与沙漠对抗着。沿着丝绸之路旅行，你会明白，你所见到的奇迹，现在的你，你自己，只是它丰富历史的一小部分。更多的，更多得多的，已被埋葬，已逐渐消逝，已被遗忘，因为那些曾经记得的人已经远去了。你必被遗忘，就像那失落的楼兰古城。但你曾经在那里。